CORNELIA SCHINHARL

BIOKISTE

100%

VEGETARISCH

**Neue Rezepte
aus der Gemüseküche**

CORNELIA SCHINHARL

BIOKISTE

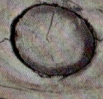

100%

VEGETARISCH

**Neue Rezepte
aus der Gemüseküche**

FOTOS VON ROGGE & JANKOVIC FOTOGRAFEN

KOSMOS

BIOKISTE

UND HIER SEHEN SIE ES GANZ GENAU.

DAS IST *wirklich* WICHTIG

....

DARAUF KOMMT'S AN! Hier erläutern wir alles, was zum Gelingen des Rezepts wirklich wichtig ist. Wo es sinnvoll ist, mit Bild, sonst auch ohne.

100% GEMÜSE

100% Geschmack

OB SIE SICH DIE BIOKISTE NACH HAUSE LIEFERN LASSEN ODER SELBST AUF DEM WOCHENMARKT ODER IM BIO-LADEN EINKAUFEN GEHEN, EINS IST SONNENKLAR: LANGEWEILE KOMMT HIER NICHT AUF, DENN ABWECHSLUNG IM GLEICHKLANG MIT DEN JAHRESZEITEN IST MIT GEMÜSE VON NATUR AUS GARANTIERT.

UMSO BUNTER, UMSO BESSER

Das ist aber noch längst nicht alles! Gemüse sieht zu jeder Jahreszeit auch noch verführerisch aus und schmeckt immer richtig gut. Das erfreut all unsere Sinne und bringt enorm viel Genuss. Gleichzeitig tun Sie dabei eine ganze Menge für Ihre Gesundheit! Denn eine ausgewogene Ernährung lebt in erster Linie von der Vielfalt. Je mehr unterschiedliche Gemüsesorten Sie zubereiten, desto besser sind Sie mit allen Nährstoffen – allen voran Vitaminen und Mineralstoffen – versorgt. Genauso wichtig ist die Abwechslung bei den Beilagen. Die Auswahl ist hier ebenfalls groß: Ob Kartoffeln, (Vollkorn-)Nudeln, gegartes Getreide wie Hirse, Gerste und Bulgur oder Amaranth, Quinoa und Reis, sie alle sind schmack- und nahrhafte Ergänzungen zu den Salaten und Gemüsegerichten in diesem Buch. Wer Spargel, Tomaten, Kürbis und Co. dann auch noch clever mit eiweißreichen Lebensmitteln kombiniert, wie zum Beispiel mit Eiern, Milch, Quark, Sahne und Käse, aber auch mit Tofu und anderen Produkten aus der wertvollen Sojabohne, bekommt zudem genügend Eiweiß und wertvolle Fettsäuren mit auf den Tisch.

VEGGI-STYLE

Die Rezepte in diesem Buch sind alle vegetarisch, manche kommen sogar komplett ohne tierische Produkte aus, sind also auch für Veganer geeignet – Sie finden dort das spezielle Vegan-Icon. Aber egal, ob Sie Vegetarier oder Veganer sind oder einfach nur selten Fleisch und Fisch essen möchten: Inzwischen ist es wissenschaftlich erwiesen, wie gut der Gesundheit eine Ernährung mit viel Gemüse und Früchten, Nüssen und Vollkornprodukten tut. Wer wenig oder gar kein Fleisch oder Fisch isst, macht es also genau richtig.

FRISCHE BIS ZUM LETZTEN TAG

Die Biokiste wird meist nur einmal in der Woche geliefert. Darum ist wichtig, dass das Gemüse auch am Ende der Woche noch schön frisch ist und während der Lagerung möglichst wenig Vitamine verliert. Das ist immer garantiert, wenn Sie ein paar einfache Dinge beachten:

Empfindliche Gemüsesorten wie Blattsalate und Spinat bewahren Sie am besten in einer Plastiktüte im Gemüsefach des Kühlschranks auf. Kräuter halten in einer gut verschlossenen Kunststoffdose im Kühlschrank viel länger als

im Wasserglas. Salate und Kräuter außerdem möglichst innerhalb von 1–3 Tagen verbrauchen.

Die meisten anderen Gemüsesorten fühlen sich ebenfalls im Gemüsefach am wohlsten. Dort halten sie sich gut eine Woche lang. Eine Ausnahme von dieser Regel sind Tomaten: Sie reifen bei Zimmertemperatur nach und bekommen noch mehr Aroma, in der Kälte des Kühlschranks verlieren sie es hingegen.

In einem kühlen und eher dunklen Keller können Sie Kartoffeln und Zwiebeln einige Wochen, Wurzelgemüse wie Möhren, Pastinaken, aber auch ganze Kohlköpfe und Lauch bis zu einer Woche aufbewahren.

Trotz genauer Planung kann es vorkommen, dass Gemüse übrig bleibt oder nicht rechtzeitig verarbeitet werden kann. Kein Problem! Denn das meiste Gemüse lässt sich problemlos und ohne Geschmacksverlust einfrieren:

Blattgemüse wie Spinat, aber auch Grünkohl, dazu vorher blanchieren, abschrecken und auskühlen lassen. Ebenfalls kurz vorgekocht werden Bohnen, Brokkoli und Blumenkohl, Kohlrabi, Lauch und Rosenkohl. Fruchtgemüse wie Paprika und Tomaten, aber auch Erbsen, Dicke Bohnen und Spargel können nach dem Putzen direkt roh eingefroren werden, schmecken nach dem Auftauen allerdings gegart besser.

Aber auch fein eingemacht verwöhnen viele Gemüsesorten noch mit viel Aroma und sind tolle Helfer für die schnelle Küche. Abwechslungsreiche Rezeptideen dazu finden Sie jeweils am Ende eines Kapitels.

Ob Spargel und Radieschen im Frühling, Paprika, Auberginen und Tomaten im Sommer, Kürbis und Maroni im Herbst oder Schwarzwurzeln und Grünkohl im Winter – jede Gemüsesaison hat ihren Reiz und ihre ganz eigenen Spezialitäten! Egal, welche dabei Ihre Favoriten sind, schwelgen Sie Biokiste für Biokiste in der Vielfalt an Farben, Düften und Aromen und lassen Sie es sich gut schmecken!

ÜBRIGENS: Für eine tolle Übersicht in Ihrer Küche oder auf dem Smartphone, welches Gemüse Sie in welchem Monat in der Biokiste oder auf dem Markt erwartet, können Sie den Saisonkalender auf Seite 8/9 mit wenigen Klicks im Internet downloaden und speichern oder ausdrucken. Und für alle Gemüse-Fans, die noch mehr über ihre Lieblingssorten wissen möchten, führen QR-Codes jeweils am Anfang eines Kapitels zu vielen weiteren Informationen rund um das Gemüse der Saison.

SAISONKALENDER

	Januar	Februar	März	April	Mai	Juni
Auberginen						
Blumenkohl					●	●
Bohnen, grün					●	●
Chicorée	●	●	●			
Chinakohl	●	●	●	●		
Dicke Bohnen					●	●
Erbsen					●	●
Feldsalat	●	●				
Fenchel						
Frühlingszwiebeln					●	●
Grünkohl	●	●				
Gurken						●
Knollensellerie						●
Kohlrabi				●	●	●
Kopfsalat				●	●	●
Kürbis						
Lauch	●	●	●	●	●	●
Mairübchen					●	●
Mais						
Mangold					●	●
Maronen / Esskastanien						
Möhren	●	●	●	●	●	●
Paprikaschoten						●
Pastinaken	●	●	●			
Petersilienwurzeln	●	●	●	●		
Portulak	●	●	●			
Radicchio	●	●	●			
Radieschen				●	●	●
Rettich (Winterrettich)	●	●			●	●
Rhabarber				●	●	●
Rosenkohl	●					
Rote Bete					●	●
Schwarzwurzeln	●		●	●		
Spargel				●	●	●
Spinat, zarter Blattspinat				●	●	●
Spinat, fester Wurzelspinat	●	●	●			
Staudensellerie						●
Steckrüben	●					
Tomaten						●
Topinambur	●	●	●			
Weißkohl / Spitzkohl	●	●				●
Wirsing	●					●
Zucchini						●
Zuckerhut	●					

Juli	August	September	Oktober	November	Dezember	
●	●	●	●			Auberginen
●	●	●	●			Blumenkohl
●	●	●	●			Bohnen, grün
●	●	●	●	●	●	Chicorée
		●	●	●	●	Chinakohl
●	●					Dicke Bohnen
●						Erbsen, frisch
		●	●	●	●	Feldsalat
	●	●	●			Fenchel
●	●					Frühlingszwiebeln
				●	●	Grünkohl
●	●	●	●			Gurken
●	●	●	●	●		Knollensellerie
●	●	●	●	●		Kohlrabi
●	●	●	●			Kopfsalat
		●	●	●	●	Kürbis
●	●	●	●	●	●	Lauch
						Mairübchen
●	●	●	●			Mais
●	●	●	●	●		Mangold
		●	●		●	Maronen/Esskastanien
●	●	●	●	●		Möhren
	●	●	●	●		Paprikaschoten
			●	●	●	Pastinaken
			●	●	●	Petersilienwurzeln
			●	●		Portulak
			●	●		Radicchio
●	●	●				Radieschen
●	●	●			●	Rettich (Winterrettich)
						Rhabarber
			●	●	●	Rosenkohl
●	●	●	●	●	●	Rote Bete
			●	●	●	Schwarzwurzeln
						Spargel
●	●					Spinat, zarter Blattspinat
				●	●	Spinat, fester Wurzelspinat
	●	●	●	●		Staudensellerie
			●	●	●	Steckrüben
●	●	●	●	●		Tomaten
				●	●	Topinambur
	●	●	●	●	●	Weißkohl/Spitzkohl
●	●	●	●	●	●	Wirsing
●	●	●	●	●	●	Zucchini
		●	●	●	●	Zuckerhut

FRÜHLING
frische Aromen

KNACKIGE RADIESCHEN, AROMATISCH-
ZARTE KRÄUTER, FELDFRISCHER SPARGEL
UND FEINE ERBSEN IN KRÄFTIGEM GRÜN –
IM FRÜHLING SORGT GEMÜSE FÜR VIEL
GESCHMACK UND NEUE ENERGIE!

FRÜHLINGSGEMÜSE Scannen Sie den QR-Code ein und
finden Sie nützliche Zusatzinfos und eine Rezeptliste zu
den regionalen Gemüsesorten des Frühlings im Überblick.
Oder auch unter www.m.kosmos.de/13399/tb2.

DICKE-BOHNEN-SALAT
mit geröstetem Bauernbrot

BEDENKEN SIE BEIM EINKAUF DER BOHNEN, DASS NACH DEM PALEN
NUR ETWA EIN VIERTEL DES URSPRUNGSGEWICHTS ÜBRIG BLEIBT.

Zutaten für 4 Portionen

Salz

700 g Dicke Bohnen in den Hülsen

4 Radieschen

2 Frühlingszwiebeln

4 Stängel Minze

1 EL Zitronensaft

Pfeffer aus der Mühle

4 EL kräftiges Olivenöl

4 – 8 Scheiben kräftiges Bauernbrot (je nach Größe)

100 g Blauschimmelkäse oder Feta (Schafskäse)

Zeitbedarf
• ca. 40 Minuten

So geht's

1. In einem Topf Wasser zum Kochen bringen, salzen. Währenddessen die Hülsen der Bohnen aufbrechen und die Bohnenkerne herauslösen [→a]. Die Bohnen im kochenden Wasser je nach Größe in 5 – 8 Minuten bissfest kochen. In ein Sieb abgießen, kalt abschrecken und abtropfen lassen. Falls nötig, aus den hellen Häutchen drücken [→b].

2. Die Radieschen waschen, putzen und erst in Scheiben, dann in Streifen schneiden. Zarte Radieschenblätter abbrausen und hacken. Die Frühlingszwiebeln waschen, putzen und in etwa 3 cm lange Stücke und diese der Länge nach in dünne Streifen schneiden. Die Minze abbrausen und trocken schütteln, die Blättchen abzupfen und in Streifen schneiden.

3. Den Zitronensaft mit Salz und Pfeffer verrühren, das Öl nach und nach zu einer cremigen Sauce unterschlagen. Dicke Bohnen, Radieschen, Zwiebelstreifen, Minze und Radieschenblätter mit der Sauce mischen, salzen und pfeffern.

4. Die Brotscheiben im Toaster oder im Backofen bei 250 °C (Ober- und Unterhitze; Umluft 220 °C) knusprig rösten. Den Dicke-Bohnen-Salat darauf verteilen. Den Käse in kleine Stücke krümeln und über die Brote streuen. Frisch servieren.

DIE VARIANTE | ERBSENPÜREE
600 g Erbsen in den Hülsen, 1 EL Zitronensaft, 3 EL Olivenöl, Salz, Pfeffer aus der Mühle, 1 Prise Chiliflocken, 2 TL gehackter Kerbel oder Bärlauch
Die Erbsen wie Dicke Bohnen palen. Ausgelöste Erbsen in kochendem Salzwasser in 3–4 Minuten weich kochen, abgießen und kalt abschrecken. Erbsen mit Zitronensaft und Öl fein pürieren. Das Püree salzen und pfeffern, Chiliflocken und Kräuter unterrühren. Als Aufstrich zu gerösteten Toast- oder Baguettescheiben reichen.

DAS IST *wirklich* WICHTIG

[a] BOHNEN PALEN Die Hülsen so in die Hand nehmen, dass die „Nähte" nach oben und unten zeigen. Mit Daumen und Zeigefinger in der Mitte der Schote auf die Nähte drücken, bis sie aufbrechen.

[b] BOHNENKERNE SCHÄLEN Zarte Bohnen können Sie verwenden, wie sie sind. Etwas größere Bohnen sind von einer weißlichen Haut umgeben, die entfernt werden muss. Dafür die Bohnenkerne nach dem Garen einfach aus dem Häutchen drücken.

[a]

[b]

GRÜNER SPARGEL
mit Radieschen-Eier-Tatar

DIESE KOMBINATION AUS FRISCHEM FRÜHLINGSGEMÜSE IST EINE RAFFINIERTE VORSPEISE ODER EIN LEICHTES ABENDESSEN FÜR ZWEI.

Zutaten für 4 Portionen

750 g grüner Spargel

½ Bio-Zitrone

1 Handvoll Kerbel

1 TL scharfer Senf

Salz, Pfeffer aus der Mühle

4 EL Kürbiskernöl

4 Eier (Größe M)

1 kleines Bund Radieschen mit knackigen Blättern

1 EL neutrales Öl

Zeitbedarf
• ca. 45 Minuten

So geht's

1. Den Spargel waschen und von jeder Stange die holzigen Enden abbrechen (s. Seite 20/21). Den Spargel der Länge nach mit einem sehr scharfen Messer oder einem Hobel (mit Fingerschutz!) in dünne Streifen teilen. Die Zitronenhälfte heiß waschen und abtrocknen, die Schale fein abreiben, den Saft auspressen.

2. Den Kerbel verlesen und kalt abbrausen, trocken schütteln und grobe Stiele entfernen. Den Kerbel fein schneiden. Senf mit 2 EL Zitronensaft, Salz und Pfeffer verrühren. Das Kürbiskernöl mit einer Gabel nach und nach unterrühren, bis eine sämige Sauce entsteht. Den Spargel mit der Sauce mischen und marinieren lassen.

3. Inzwischen die Eier anstechen und in kochendem Wasser in etwa 10 Minuten hart kochen, kalt abschrecken und schälen. Die Eier halbieren, die Eigelbe herauslösen und mit einer Gabel in einer Schüssel zerdrücken. Die Eiweiße fein würfeln.

4. Für das Tatar die Radieschen samt Blättern waschen und trocken schütteln. Die knackigen Blätter von den Radieschen lösen. Radieschen putzen und zuerst grob kleiner schneiden, dann zusammen mit den Blättern fein hacken. Gehacktes mit dem Öl unter das zerdrückte Eigelb rühren und mit Salz und Pfeffer würzen. Zitronenschale und Eiweißwürfel unterheben.

5. Den marinierten Spargel noch einmal durchrühren und abschmecken, auf Tellern verteilen und mit dem Kerbel bestreuen. Das Radieschen-Eier-Tatar neben dem Spargel anrichten.

Dazu schmeckt geröstetes Brot.

DAS STECKT DRIN | RADIESCHEN Wer hätte das gedacht: Besonders die Blätter der würzigen Radieschen enthalten eine ganze Menge an Vitaminen – vor allem Vitamin C. Also unbedingt immer mitverwenden!

GEBRATENER SPARGEL
mit Erdbeeren und Mozzarella

SPARGEL UND ERDBEEREN VERWÖHNEN UNS AB MAI UND SIND AUCH ALS VORSPEISE ODER ALS LEICHTES ABENDESSEN FÜR ZWEI EIN TOLLES DUO.

Zutaten für 4 Portionen

250 g (Büffel-)Mozzarella

½ Bund Zitronenmelisse

je ein paar Blättchen Bärlauch und junger Löwenzahn

1 junge Knoblauchzehe

½ Bio-Zitrone

6 EL Olivenöl

Salz, Pfeffer aus der Mühle

1 kg grüner Spargel

250 g Erdbeeren

1 EL Aceto balsamico

½ TL Honig

Zeitbedarf
• ca. 45 Minuten

So geht's

1. Den Mozzarella in etwa 1 cm große Würfel schneiden. Die Kräuter abbrausen und trocken schütteln, grobe Stiele entfernen, dann die Kräuter fein hacken. Den Knoblauch schälen und durch die Presse in eine Schale drücken. Die Zitronenhälfte heiß waschen und abtrocknen, die Schale fein abreiben und den Saft auspressen, beides zum Knoblauch geben.

2. Von den Kräutern 1 EL beiseitestellen, den Rest mit 2 EL Olivenöl ebenfalls zum Knoblauch geben. Alles verrühren, mit Salz und Pfeffer würzen und die Mozzarellawürfel unterheben.

3. Den Spargel waschen und von jeder Stange die holzigen Enden abbrechen (s. Seite 20/21). Die Spargelstangen in etwa 4 cm lange Stücke schneiden. Die Erdbeeren waschen und entkelchen. Die Beeren in dünne Scheiben schneiden. 1 EL Zitronensaft mit Balsamico, Honig, Salz und Pfeffer verrühren, 3 EL Olivenöl mit einer Gabel unterschlagen, bis eine sämige Sauce entsteht.

4. Das übrige Olivenöl (1 EL) in einer Pfanne erhitzen und den Spargel darin bei mittlerer Hitze unter Rühren in etwa 8 Minuten bissfest braten, dann lauwarm abkühlen lassen.

5. Den Spargel mit den Erdbeeren, der Balsamicosauce und den restlichen Kräutern mischen und abschmecken. Auf Teller verteilen und den marinierten Mozzarella daneben anrichten.

Dazu schmecken knusprige Baguette- oder geröstete Toastscheiben.

DAS KÜCHENGEHEIMNIS | ERDBEEREN Das feine Aroma der Erdbeeren steckt unmittelbar unter den grünen Blütenkelchen. Darum die Beeren immer ungeputzt in stehendem, kalten Wasser waschen, dann erst die Kelche entfernen, sonst verlieren die Erdbeeren ihren Geschmack.

DAS IST *wirklich* WICHTIG

[a] WEISSEN SPARGEL SCHÄLEN

Beginnen Sie etwa 2 cm unterhalb des Spargelköpfchens mit dem Schälen – im oberen zarten Teil der Stange etwas dünner, nach unten hin großzügiger schälen. Zum Schluss die holzigen Enden abschneiden.

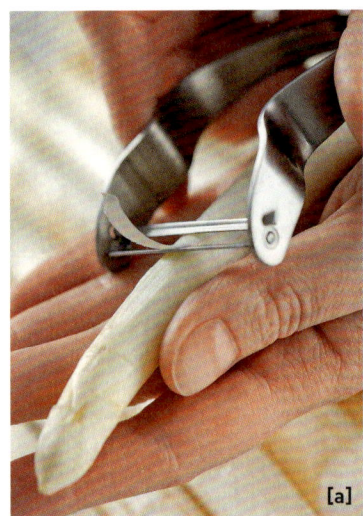

[a]

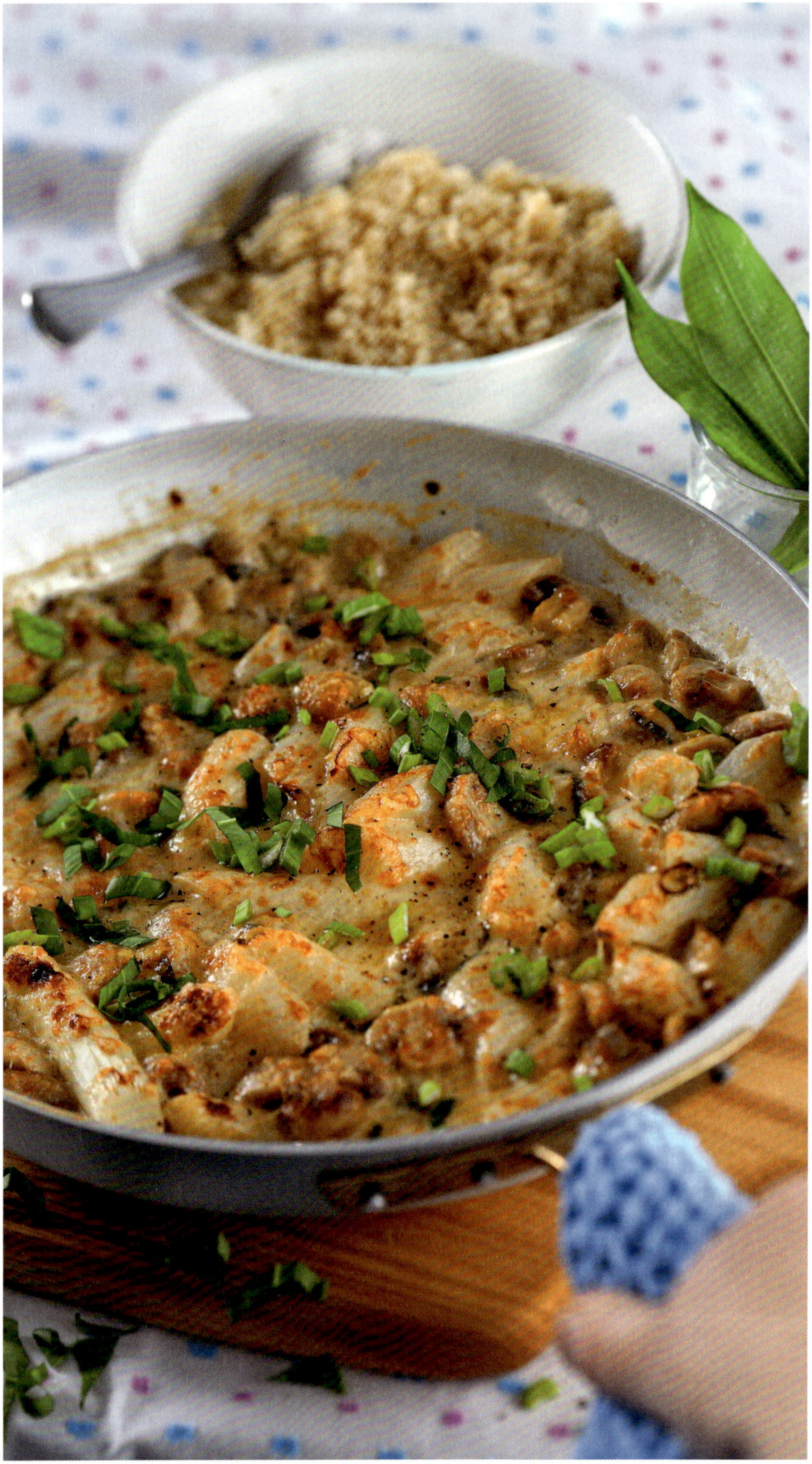

SPARGEL-PILZ-GEMÜSE
mit Bärlauch

SPARGEL, PILZE UND BÄRLAUCH – DIESES TRIO VERTREIBT MIT REICHLICH VITAMINEN UND MINERALSTOFFEN GARANTIERT DIE FRÜHJAHRSMÜDIGKEIT!

Zutaten für 4 Portionen

Salz

1 kg Spargel

½ Bio-Zitrone

1 kg kleine Champignons oder Egerlinge

1 Bund Frühlingszwiebeln

1 große Handvoll Bärlauch

200 g würziger Bergkäse (am Stück)

2 EL Butter

250 g Crème fraîche oder Sahne

Pfeffer aus der Mühle

Zeitbedarf
• ca. 50 Minuten

So geht's

1. In einem großen Topf reichlich Wasser zum Kochen bringen, salzen. Währenddessen den Spargel waschen und schälen [→a]. Die Spargelköpfe abschneiden. Die Stangen in etwa 2 cm lange Stücke schneiden und im kochenden Wasser etwa 3 Minuten garen. Die Köpfe hinzufügen und weitere 4–5 Minuten kochen. Spargel in ein Sieb abgießen und kurz kalt abschrecken.

2. Die Zitronenhälfte heiß waschen und abtrocknen, die Schale fein abreiben, den Saft auspressen. Die Pilze säubern und die Stielenden abschneiden. Die Pilze halbieren und mit dem Zitronensaft mischen.

3. Die Frühlingszwiebeln waschen und putzen. Die Zwiebeln in feine Ringe schneiden. Einen Teil der dunkelgrünen Ringe für die Garnitur beiseitelegen. Den Bärlauch abbrausen und trocken schütteln. Den Käse von der Rinde befreien und fein reiben.

4. Den Backofen auf 230 °C (Ober- und Unterhitze; Umluft 210 °C) vorheizen. Die Butter in einer großen Pfanne mit ofenfestem Griff erhitzen. Die Pilze darin bei starker Hitze unter Rühren braten, bis sie leicht braun sind und alle Flüssigkeit verdampft ist. Spargel und Zwiebelringe zu den Pilzen geben und 2–3 Minuten mitbraten. Zitronenschale, Crème fraîche oder Sahne und 4 EL Käse unterrühren. Mit Salz und Pfeffer abschmecken.

5. Bärlauch hacken und bis auf 2 TL unter das Gemüse mischen, den restlichen Käse daraufstreuen und im Ofen (Mitte) etwa 5 Minuten gratinieren, bis der Käse leicht gebräunt ist. Mit Zwiebelgrün und übrigem Bärlauch bestreut servieren.

Dazu schmecken neue Kartoffeln oder Quinoa.

DAS KÜCHENGEHEIMNIS | FRÜHLINGSZWIEBELN **Vor allem in den dunkelgrünen Teilen der Frühlingszwiebeln stecken viele Vitamine und Mineralstoffe. Entfernen Sie deshalb nur welke Blätter und den Wurzelansatz.**

DICKE-BOHNEN-SUPPE
mit Salatstreifen und Kräutern

SIE HEISSEN AUCH PUFF- ODER SAUBOHNEN UND ENTHALTEN NEBEN KOHLEN-
HYDRATEN UND HOCHWERTIGEM EIWEISS EINE GANZE MENGE VITAMINE UND
MINERALSTOFFE – KRAFTFUTTER FÜR VEGETARIER!

Zutaten für 4 Portionen

1 kg Dicke Bohnen in den Hülsen

150 g Kopfsalatblätter

1 kleines Bund Dill

1 Handvoll Kerbel

2 Frühlingszwiebeln

4 junge Knoblauchzehen

3 EL Butter

800 ml Gemüsebrühe

2 EL Semmelbrösel

Salz, 1 Prise Chiliflocken

200 g Crème fraîche oder Crème
double

1 EL Zitronensaft

Pfeffer aus der Mühle

Zeitbedarf
- ca. 45 Minuten

So geht's

1. Die Dicken Bohnen aus den Hülsen lösen (s. Seite 12/13). Falls die Bohnen sehr groß sind, in kochendem Salzwasser 1 Minute vorgaren, kalt abschrecken und aus den weißlichen Häuten drücken (s. Seite 12/13).

2. Die Salatblätter abbrausen, trocken schütteln und mittelgrob hacken. Die Kräuter abbrausen, trocken schütteln und ohne die groben Stiele fein hacken. Etwa 1 EL Kräuter zum Bestreuen der fertigen Suppe beiseitelegen.

3. Die Frühlingszwiebeln waschen, die Wurzelenden und die welken grünen Teile entfernen. Die Zwiebeln in feine Ringe schneiden. Den Knoblauch schälen und in feine Scheiben schneiden.

4. In einem Suppentopf 2 EL Butter zerlassen, Zwiebeln und Knoblauch darin glasig dünsten. Bohnen dazugeben und kurz mitdünsten, die Brühe angießen und zum Kochen bringen. Die Suppe zugedeckt bei schwacher bis mittlerer Hitze etwa 6 Minuten köcheln lassen, bis die Bohnen bissfest sind.

5. Inzwischen die übrige Butter in einem Pfännchen zerlassen, die Semmelbrösel darin unter Rühren goldgelb braten. Mit Salz und Chiliflocken abschmecken.

6. Salat und Kräuter unter die garen Bohnen mischen und nur zusammenfallen lassen. Die Crème fraîche unterrühren und die Suppe mit Zitronensaft, Salz und Pfeffer abschmecken. Dicke-Bohnen-Suppe auf vorgewärmten Tellern verteilen und mit den Bröseln und den übrigen Kräutern bestreut servieren.

FÜR VEGANER | SOJAJOGHURT, -SAHNE, Seidentofu, aber auch Tomatenmark oder 200 ml mehr Brühe sind ein guter pflanzlicher Ersatz für die Crème fraîche oder Crème double.

DAS HOLZIGE SPARGELENDE EINFACH ABBRECHEN UND WEGWERFEN.

[a]

DAS IST *wirklich* WICHTIG

[a] GRÜNEN SPARGEL VORBEREITEN

Die zarten Stangen müssen nicht geschält, sondern nur vom holzigen Ende befreit werden. Dafür die Stangen nach dem Waschen am unteren Ende und in der Mitte halten. Biegen Sie die Stange nun langsam durch. Sie bricht dort, wo das holzige Ende beginnt.

[a]

FRÜHLINGSGEMÜSE
mit Kräutersauce und Hirsepflanzerln

JE BUNTER DIE MISCHUNG UMSO MEHR VITAMINE LANDEN IM TOPF. ZUSAMMEN MIT DER BESONDERS MINERALSTOFFREICHEN HIRSE EIN AUSGEWOGENES ESSEN!

Zutaten für 4 Portionen

200 g Hirsekörner

900 ml Gemüsebrühe

2 Eier (Größe M)

1 Bund gemischte Frühlingskräuter (z. B. Petersilie, Sauerampfer, Kerbel, Borretsch, Schnittlauch oder eine Mischung für grüne Sauce)

1 grüne Chilischote (nach Belieben)

2 Knoblauchzehen

1–2 EL in Salz eingelegte Kapern (Glas)

2 EL Zitronensaft

8 EL Olivenöl oder neutrales Öl

Salz, Pfeffer aus der Mühle

je 500 g zarte Möhren, Mairübchen, grüner Spargel, Frühlingszwiebeln, gepalte Dicke Bohnen

1 EL Kürbiskerne

Zeitbedarf
• ca. 1 Stunde

So geht's

1. Die Hirse in einem Sieb kalt abbrausen, dann mit 400 ml Brühe in einem Topf kräftig aufkochen. Den Herd ausschalten und die Hirse zugedeckt in etwa 20 Minuten ausquellen lassen.

2. Für die Sauce 1 Ei anstechen und in etwa 10 Minuten hart kochen, kalt abschrecken. Kräuter abbrausen und trocken schütteln, grobe Stiele entfernen. Nach Belieben die Chilischote waschen und den Stiel abschneiden. Knoblauch schälen und mit Kräutern, Chili und Kapern sehr fein hacken.

3. Das Ei schälen und halbieren. Das Eigelb herauslösen und in einer Schale mit einer Gabel zerdrücken. 1 EL Zitronensaft und 6 EL Öl zu einer cremigen Sauce unterschlagen. Das Eiweiß fein hacken und mit der Kräutermischung unterrühren, salzen und pfeffern.

4. Für das Frühlingsgemüse die Möhren, Mairübchen und Frühlingszwiebeln waschen und putzen. Möhren ganz lassen, Mairübchen je nach Größe vierteln oder achteln, Frühlingszwiebeln, bis auf eine Zwiebel, in 5 cm lange Stücke schneiden. Den grünen Spargel vorbereiten [→a] und ganz lassen.

5. Für die Pflanzerln die Kürbiskerne fein hacken. Die übrige Frühlingszwiebel in feine Ringe schneiden. Beides mit dem restlichen Ei gut unter die Hirse mischen, salzen und pfeffern. In einer großen Pfanne oder zwei kleineren Pfannen das übrige Öl (2 EL) erhitzen. Aus der Hirsemasse mit einem Esslöffel etwa 8 Pflanzerln hineinsetzen und bei mittlerer Hitze 4–5 Minuten braten, wenden und noch einmal so lange braten.

6. Gleichzeitig die restliche Gemüsebrühe mit dem übrigen Zitronensaft erhitzen. Möhren darin zugedeckt bei mittlerer Hitze 3–4 Minuten vorgaren, das restliche Gemüse dazugeben und weitere 5–7 Minuten kochen. Frühlingsgemüse mit Kräutersauce und Hirsepflanzerln auf Tellern verteilen und etwas Brühe über das Gemüse gießen.

DIE POWER-BOHNE
Wertvolles aus Soja

HOCHWERTIGES EIWEISS, UNGESÄTTIGTE FETTSÄUREN, EINE GANZE MENGE B-VITAMINE UND DIE MINERALSTOFFE EISEN UND ZINK – TOFU UND ANDERE SOJAPRODUKTE KÖNNEN SICH SEHEN LASSEN.

Vor allem für Veganer, die besonders auf ihre Eiweißversorgung achten müssen, sind Lebensmittel aus Soja ein idealer Ersatz für Milchprodukte, Fisch und Fleisch. Bauen Sie Sojaprodukte also regemäßig in Ihren Speiseplan ein – inzwischen sind so viele unterschiedliche Produkte im Angebot, dass sicher keine Langeweile aufkommen wird!

GEPRESSTER TOFU

Durch Pürieren und Pressen von eingeweichten gelben Sojabohnen wird eine Art Milch gewonnen. Diese Flüssigkeit versetzen die Hersteller nach dem Erhitzen, ähnlich wie bei der Käseherstellung, mit einem Gerinnungsmittel. Sie flockt aus, die festen Bestandteile werden abgeschöpft und so lange gepresst, bis ein fester Block entsteht.

Gepresster Tofu ist schnittfest und lässt sich gut würfeln oder in Scheiben schneiden. Er ist zart und saftig und schmeckt so mild, dass er kräftige Gewürze und Marinaden oder andere würzige Zutaten wunderbar verträgt.

Zum Aufbewahren den geöffneten Tofu am besten in ein gut verschließbares Gefäß legen und komplett mit kaltem Wasser bedecken. Gut verschlossen hält er sich im Kühlschrank etwa 1 Woche frisch. Wechseln Sie das Wasser möglichst täglich aus.

Für eine schnelle Beilage den Tofu in Scheiben schneiden und auf beiden Seiten kräftig mit Salz und Pfeffer oder Chiliflocken würzen. Die Scheiben in eine Pfanne mit heißem Öl legen und bei mittlerer bis starker Hitze knusprig und goldbraun braten, dann erst wenden und fertig braten.

SEIDENTOFU

Zum Verfeinern von Suppen, Sauce oder zum Herstellen von Dips, Aufstrichen und cremigen Desserts eignet sich Seidentofu besonders gut. Er wird wie schnittfester Tofu hergestellt, allerdings nach dem Gerinnen nicht gepresst, sondern nur kräftig durchgeschlagen.

Seidentofu können Sie nach dem Öffnen gut abgedeckt ein paar Tage im Kühlschrank aufbewahren.

GEWÜRZTER TOFU

Tofuhersteller haben sich allerhand einfallen lassen: Für Gemüsetofu werden vor dem Pressen feine Gemüsestreifen unter die Soja-masse gemischt. Tomatentofu wird mit getrockneten Tomaten, Gewürzen und mediterranen Kräutern aromatisiert. Aber auch Pilze, Basilikum, Oliven oder Nüsse können für mehr Geschmack im Tofu sorgen. Gewürzter Tofu schmeckt kalt, gebraten oder zum Schluss in der Suppe oder dem Eintopf erwärmt.

RÄUCHERTOFU

Er erinnert im Geschmack leicht an milden Speck. Der gepresste Tofu wird für Räucher-tofu über Holz – meist Wacholderholz – sanft geräuchert. Es gibt ihn pur, aber auch mit anderen Zutaten wie Algen oder Pilzen ange-reichert. Räuchertofu schmeckt kalt als Brot-belag, lässt sich aber auch braten, in einer Sauce erhitzen oder frittieren.

TEMPEH

Dieses Sojaprodukt wird im Gegensatz zu Tofu aus ganzen gelben Sojabohnen hergestellt. Die Hülsenfrüchte werden gekocht, gepresst, mit einem Edelpilz geimpft und fermentiert. Tempeh hat für ein pflanzliches Lebensmittel ungewöhnlich viel Vitamin B_{12} zu bieten. Sein Geschmack ist würzig mit einer leicht bitteren Note. Tempeh schmeckt am besten in dünnen Scheiben oder Würfeln gebraten oder frittiert. Er wird dabei angenehm knusprig.

RHABARBER-CHUTNEY

zu frittiertem Tempeh und Reissalat

AUCH WENN ER IN UNSEREN KÜCHEN MEIST WIE OBST BEHANDELT WIRD, GEHÖRT RHABARBER ZU DEN GEMÜSEN. NUTZEN SIE SEINE KURZE SAISON!

Zutaten für 4 Portionen

- 250 g Rhabarber
- 1 Schalotte
- 1 Stück Ingwer (ca. 1 cm)
- 1 getrocknete Chilischote
- 1 EL Rosinen
- je ½ TL Koriander-, Senf- und Anissamen
- 75 g brauner Zucker
- 50 ml Essig, Salz
- 200 g Langkornreis
- 400 ml Gemüsebrühe
- 1 Stange Lauch
- 1 Bund Schnittlauch
- 1 Kästchen Gartenkresse
- je 1 TL scharfer und süßer Senf
- 2 EL Zitronensaft
- 4 EL neutrales Öl
- 1 Prise Chilipulver
- 500 g Tempeh
- ¾ l neutrales Öl zum Frittieren

Zeitbedarf
- ca. 1 Stunde

So geht's

1. Für das Chutney den Rhabarber waschen und die Enden abschneiden. Falls sich dabei Fäden lösen, diese gleich mit abziehen. Rhabarberstangen in dünne Scheiben schneiden. Schalotte und Ingwer schälen und mit der Chilischote ganz fein hacken.

2. Rhabarber mit der Schalotten-Ingwer-Mischung, Rosinen, Gewürzsamen, Zucker, Essig und ½ TL Salz in einem Topf aufkochen. Offen bei mittlerer Hitze 10–15 Minuten kochen lassen, bis das Chutney dickflüssig wird. Abkühlen lassen, mit Salz abschmecken.

3. Für den Salat den Reis in einem Sieb kalt abspülen, dann mit der Brühe in einem Topf zum Kochen bringen. Reis zugedeckt bei schwacher Hitze in etwa 15 Minuten körnig ausquellen lassen.

4. Den Lauch putzen, waschen und in dünne Streifen schneiden. In wenig Salzwasser in etwa 2 Minuten bissfest kochen. Mit einem Schaumlöffel herausheben und in einem Sieb abschrecken und abtropfen lassen. Kochwasser aufbewahren.

5. Den Schnittlauch abbrausen, trocken schütteln und in Röllchen schneiden. Die Kresse mit einer Schere vom Beet schneiden. Beide Senfsorten, Zitronensaft, 2 EL Lauchsud, Salz und Chilipulver verrühren. Das Öl unterschlagen, bis eine sämige Sauce entsteht, dann mit Reis und Lauch vermengen. Salat mit Salz abschmecken, zum Schluss die Kräuter unterheben.

6. Tempeh in etwa 0,5 cm dicke Scheiben schneiden. Das Öl in einem weiten Topf erhitzen (s. Seite 56/57). Die Tempehscheiben darin in zwei Portionen jeweils 2–3 Minuten knusprig frittieren. Mit dem Schaumlöffel herausheben und auf einer dicken Lage Küchenpapier abfetten lassen. Frittierten Tempeh mit Reissalat auf Tellern verteilen und das Rhabarber-Chutney dazu reichen.

RHABARBER-TARTE-TATIN
mit Chili-Joghurt

AB ENDE JUNI SOLLTEN SIE RHABARBER NICHT MEHR ESSEN. DANN ENTHALTEN DIE STANGEN ZUVIEL OXALSÄURE, DIE DIE KALZIUMAUFNAHME IM KÖRPER VERHINDERT.

Zutaten für 4 Portionen

150 g Butter

250 g Mehl, Salz

1 Ei (Größe M)

1 Eigelb

500 g Rhabarber

500 g Frühlingszwiebeln

2 EL Zucker

Pfeffer aus der Mühle

1 rote Chilischote

½ Kästchen Gartenkresse

2 TL Öl

250 g Joghurt

1 Prise Zimtpulver

besonderes Werkzeug
• hitzebeständige Tarteform mit geradem Rand (30 cm Ø)

Zeitbedarf
• ca. 45 Minuten
• 1 Stunde kühlen
• 25 Minuten backen

So geht's

1. Für den Teig 100 g Butter bei schwacher Hitze schmelzen, dann lauwarm abkühlen lassen. Butter mit Mehl, 1 TL Salz, Ei und Eigelb zügig zu einem glatten Teig verkneten. Die Teigkugel in Folie wickeln und 1 Stunde kühlen.

2. Für den Belag den Rhabarber waschen und putzen. Die Stangen in 4 cm lange Stücke schneiden. Frühlingszwiebeln waschen und putzen, dann ebenfalls in etwa 4 cm lange Stücke schneiden.

3. Restliche Butter mit dem Zucker auf dem Herd in der Tarteform schmelzen lassen. Frühlingszwiebeln darin bei mittlerer Hitze unter Rühren etwa 2 Minuten braten. Den Rhabarber untermischen und 2–3 Minuten mitbraten. Vom Herd nehmen, salzen und pfeffern.

4. Den Backofen auf 200 °C (Ober- und Unterhitze; Umluft 180 °C) vorheizen. Den Teig noch einmal durchkneten, zu einer Kugel formen und zwischen zwei Lagen Backpapier zu einem Kreis in Größe der Form ausrollen. Das obere Papier abziehen, den Teig auf die Zwiebel-Rhabarber-Mischung in der Form stürzen. Das zweite Papier ebenfalls abziehen und die Teigränder leicht an die Form drücken. Die Tarte im heißen Ofen (Mitte) etwa 25 Minuten backen, bis sie schön gebräunt ist.

5. Inzwischen für den Joghurt die Chilischote waschen, putzen und samt den Kernen sehr fein hacken. Die Kresse mit einer Schere vom Beet schneiden und mit Chili und Öl unter den Joghurt rühren. Mit Salz und Zimt abschmecken.

6. Die Tarte nach dem Backen etwa 10 Minuten stehen lassen, dann den Teig mit dem Messer von der Form lösen und die Tarte auf einen Teller stürzen. Tarte Tatin mit dem Joghurt servieren.

DAS IST *wirklich* WICHTIG

[a] NICHT WASCHEN Damit der Risotto schön sämig wird, darf der Reis vor dem Garen auf keinen Fall gewaschen werden.

[b] RÜHREN Immer wenn die Brühe fast aufgesogen ist, wieder einen Schöpfer dazugeben. Der Reis sollte immer gut feucht sein, aber nicht in Flüssigkeit schwimmen. Und fleißig rühren, damit sich die Stärke gut aus den Reiskörnern löst und der Risotto eine sämige Bindung bekommt.

[b]

ERBSEN-RISOTTO
mit Zitronenbutter

NACH DEM PALEN BLEIBT, WIE BEI DICKEN BOHNEN, NUR ETWA EIN DRITTEL DES URSPRUNGSGEWICHTS AN FRISCHEN ERBSEN ÜBRIG.

Zutaten für 4 – 6 Portionen

2 Frühlingszwiebeln

2 junge Knoblauchzehen

1 Handvoll Kerbel

1 kg frische Erbsen in den Hülsen

1½ l Gemüsebrühe

5 EL Butter

350 g Risottoreis (Rundkornreis)

1 Bio-Zitrone, Salz

4 EL frisch geriebener Parmesan

Pfeffer aus der Mühle

Zeitbedarf
• ca. 45 Minuten

So geht's

1. Frühlingszwiebeln putzen, waschen und in feine Ringe schneiden. Den Knoblauch schälen und fein hacken. Den Kerbel abbrausen und trocken schütteln, die Blättchen abzupfen und beiseitelegen. Feine Kerbelstiele hacken. Die Erbsen wie Dicke Bohnen aus den Hülsen lösen (s. Seite 12/13). Die Gemüsebrühe erhitzen.

2. In einem Topf 2 EL Butter zerlassen, Frühlingszwiebelringe, Knoblauch und gehackte Kerbelstiele darin andünsten. Den Reis dazugeben [→a] und gut unterrühren, bis die Körnchen glänzen.

3. Ein Viertel der Brühe in den Topf schöpfen, die Erbsen untermischen und den Reis offen bei schwacher Hitze in etwa 20 Minuten bissfest garen, dabei nach und nach die übrige Brühe angießen, häufig umrühren [→b].

4. Inzwischen die Kerbelblättchen fein hacken. Die Zitrone heiß waschen und abtrocknen, die Schale abreiben. 2 EL Butter in einem Pfännchen schmelzen, bei mittlerer Hitze leicht köcheln lassen, bis sie braun wird und nussig duftet. Die Zitronenschale unter die braune Butter rühren und leicht salzen.

5. Restliche Butter (1 EL) klein würfeln und mit dem Käse unter den fertigen Reis rühren, mit Salz und Pfeffer abschmecken. Risotto auf Tellern verteilen, mit Zitronenbutter beträufeln und mit Kerbelblättchen bestreut servieren.

DIE VARIANTE | FRÜHLINGSKRÄUTER-SPINAT-RISOTTO

500 g Spinat, 1 große Handvoll gemischte Frühlingskräuter oder Radieschenblätter, 1 Zwiebel, 2 Knoblauchzehen, 4 EL Butter, 350 g Risottoreis, 1½ l heiße Gemüsebrühe, 4 EL frisch geriebener Parmesan, Salz, Cayennepfeffer Spinat verlesen und waschen, blanchieren, kalt abschrecken, abtropfen lassen und grob hacken. Kräuter ohne die groben Stiele fein hacken. Zwiebel und Knoblauch würfeln und in 2 EL Butter andünsten. Risottoreis dazugeben und wie oben beschrieben 15 Minuten garen. Spinat untermischen, weitere 5 Minuten garen. Kräuter mit der übrigen Butter in Würfeln und Parmesan unterrühren. Risotto mit Salz und Cayennepfeffer abschmecken.

GEFÜLLTE MAIRÜBCHEN
mit Couscous

DIE ERSTEN RÜBCHEN SIND OFT MIT GRÜN IM ANGEBOT. DANN DIE ZARTEN VITAMINREICHEN BLÄTTCHEN UNBEDINGT MITVERWENDEN.

Zutaten für 4 Portionen

6 – 8 Mairübchen (ca. 700 g)

Salz

75 g (Instant-)Couscous

50 g gemischte Nusskerne oder Sonnenblumenkerne

1 kleines Bund Rucola

125 g Mozzarella

50 g würziger Bergkäse (am Stück)

2 Knoblauchzehen

2 Eier (Größe M)

Pfeffer aus der Mühle

¼ l Gemüsebrühe

2 EL Butter

Zeitbedarf
• ca. 30 Minuten
• 25 Minuten backen

So geht's

1. Die Mairübchen putzen und schälen. Zarte Blätter, falls vorhanden, beiseitelegen. Rüben längs halbieren. In einem weiten Topf 5 cm hoch Wasser einfüllen und zum Kochen bringen, salzen. Die Mairübchen in den Topf setzen und etwa 5 Minuten zugedeckt bei mittlerer Hitze garen. In einem Sieb abtropfen lassen.

2. Inzwischen für die Füllung den Couscous in einer Schüssel mit 150 ml lauwarmem Wasser bedecken und quellen lassen. Die Nusskerne hacken. Den Rucola verlesen, dabei dicke Stiele entfernen, mit Mairübchenblättern abbrausen, trocken schütteln und beides fein hacken. Den Mozzarella abtropfen lassen und in kleine Würfel schneiden. Den Käse von der Rinde befreien und fein reiben.

3. Den Backofen auf 200 °C (Ober- und Unterhitze; Umluft 180 °C) vorheizen. Die Rübchen mit einem Teelöffel bis auf einen 1 cm dicken Rand aushöhlen. Das ausgehöhlte Fleisch fein hacken. Den Knoblauch schälen und zum Couscous pressen. Rucola, Mairübchenblätter, beide Käse, Eier und 2 – 3 EL gehacktes Mairübchenfleisch unter den Couscous heben. Die Füllung mit Salz und Pfeffer abschmecken.

4. Das restliche Mairübchenfleisch mit der Gemüsebrühe in einer feuerfesten Form vermischen. Die Mairübchen innen leicht salzen, mit der Couscousmischung füllen und nebeneinander in die Form setzen. Die Butter in Würfel schneiden und auf der Füllung verteilen.

5. Die Mairübchen im heißen Ofen (Mitte) etwa 25 Minuten backen, bis sie weich und schön gebräunt sind. Kurz ruhen lassen, dann heiß servieren.

Dazu einen grünen Salat servieren.

KOHLRABISCHNITZEL
mit Kartoffel-Kräuter-Salat

EINE AUSGEWOGENE MAHLZEIT FÜR VEGETARIER – DIE KOMBINATION VON KARTOFFELN UND EIERN SORGT FÜR EINE OPTIMALE EIWEISSAUFNAHME IM KÖRPER.

Zutaten für 4 Portionen

800 g festkochende Kartoffeln (z. B. neue Kartoffeln)

4 Eier (Größe M)

1 Bund gemischte Frühlingskräuter (z. B. Kerbel, Bärlauch, Schnittlauch, Brunnenkresse, Schnittlauch, zarter Löwenzahn)

200 ml kräftige Gemüsebrühe

3 TL scharfer Senf

3 EL heller Essig

8 EL neutrales Öl

Salz, Pfeffer aus der Mühle

2 Kohlrabi (ca. 800 g)

50 g Mehl

80 g Semmelbrösel

50 g frisch geriebener Käse (z. B. Pecorino)

Zeitbedarf
• ca. 1 Stunde

So geht's

1. Für den Salat die Kartoffeln waschen und mit Wasser zugedeckt bei mittlerer Hitze in 20 – 30 Minuten weich, aber nicht zu weich kochen. Die Kartoffeln abgießen und etwas ausdampfen lassen.

2. Inzwischen 2 Eier anstechen und in etwa 10 Minuten hart kochen, kalt abschrecken. Die Kräuter abbrausen, trocken schütteln und grobe Stiele entfernen. Für die Salatsauce die Brühe aufkochen, Senf, Essig und 4 EL Öl einrühren, salzen und pfeffern.

3. Die Kartoffeln noch heiß schälen, in dünne Scheiben schneiden und in einer Schüssel mit der Sauce mischen, ziehen lassen.

4. Für die Schnitzel in einem Topf Wasser zum Kochen bringen und salzen. Die Kohlrabi schälen und alle holzigen Stellen abschneiden. Kohlrabiknollen in gut 1 cm dicke Scheiben schneiden und im kochenden Wasser etwa 3 Minuten zugedeckt bei starker Hitze kochen, dann abgießen, kalt abschrecken und abtropfen lassen.

5. Das Mehl in einem tiefen Teller mit Salz und Pfeffer würzen. Die übrigen Eier in einem zweiten Teller verquirlen. Semmelbrösel und Käse in einem dritten Teller vermengen.

6. Das restliche Öl in zwei Pfannen heiß werden lassen. Jede Kohlrabischeibe von beiden Seiten im Mehl wenden, dann durch die Eier ziehen und zum Schluss in den Käsebröseln wenden. Die Kohlrabischnitzel in den Pfannen verteilen und bei mittlerer Hitze pro Seite etwa 4 Minuten braten, bis sie knusprig sind.

7. Inzwischen die Kräuter fein hacken und unter den Salat heben. Den Salat abschmecken. Die Eier schälen, würfeln und über den Salat streuen. Kohlrabischnitzel zusammen mit dem Kartoffel-Kräuter-Salat servieren.

Dazu Zitronenschnitze servieren und die Schnitzel nach Belieben mit Zitronensaft beträufeln.

SALAT AUS DEM WOK
mit Reisnudeln und Tofu

DIE PERFEKTE MISCHUNG: EIWEISS AUS TOFU UND SESAM, KOHLEN-
HYDRATE AUS DEM REIS UND EINE MENGE VITAMINE UND MINERALSTOFFE
AUS SALAT UND KRÄUTERN.

Zutaten für 4 Portionen

300 g breite Reisnudeln (3 mm)

Salz

1 mittelgroßer Kopfsalat
(ca. 300 g)

1 Bund gemischte Frühlingskräuter (z. B. Petersilie, Sauerampfer, Kerbel, Borretsch,
Schnittlauch)

½ Bund Koriandergrün

1 Stück Ingwer (ca. 2 cm)

4 Knoblauchzehen

4 Frühlingszwiebeln

½ Bio-Zitrone

400 g Tofu

4 EL Sesamsamen

4 EL neutrales Öl

4 EL Sojasauce

1 EL süßsaure Chilisauce

1 EL Sesamöl

Zeitbedarf
• ca. 40 Minuten

So geht's

1. Reisnudeln nach Packungsangabe in Salzwasser garen, in ein Sieb abgießen, gründlich kalt abspülen und abtropfen lassen.

2. Vom Salat die äußeren welken und unschönen Blätter entfernen. Den Salatkopf in die einzelnen Blätter teilen. Die Blätter abbrausen, trocken schütteln und in Streifen schneiden. Die Kräuter abbrausen, trocken schütteln und ohne die groben Stiele fein hacken. Ingwer und Knoblauch schälen und ebenfalls fein hacken. Frühlingszwiebeln waschen, putzen und in feine Ringe schneiden.

3. Die Zitronenhälfte heiß waschen und abtrocknen, die Schale fein abreiben, den Saft auspressen. Den Tofu trocken tupfen und in gut 1 cm große Würfel schneiden. Eine große Pfanne oder einen Wok aufheizen, die Sesamsamen darin unter Rühren ohne Fett 1–2 Minuten rösten, auf einem Teller beiseitestellen.

4. Die Hälfte des Öls in der Pfanne oder dem Wok erhitzen. Den Tofu darin bei starker Hitze anbraten, dabei erst wenden, wenn er auf einer Seite knusprig ist, salzen und herausnehmen.

5. Das restliche Öl erhitzen und die Nudeln darin unter Rühren braten, bis sie hellgelb werden. Salatstreifen, Ingwer, Knoblauch und Zwiebelringe kurz mitbraten, bis der Salat zusammenfällt, dann Tofu und Kräuter untermischen.

6. Für eine Würzsauce 2 TL Zitronensaft mit Zitronenschale, Soja- und Chilisauce sowie Sesamöl verrühren. Nudelpfanne mit der Sauce und Salz abschmecken und mit Sesam bestreut servieren.

SO SCHMECKT'S AUCH | IM WINTER schmeckt das Wok-Gericht auch mit der gleichen Menge Feldsalat, Koriander und 1 Bund Schnittlauch. Und probieren Sie statt Reisnudeln auch mal asiatische Buchweizen- oder Weizennudeln aus.

FRÜHLINGSSAUCE

aus gemischtem Gemüse

EINE WÜRZIGE GEMÜSESAUCE AUS VIELEM, WAS DER FRÜHLING UNS ZU BIETEN HAT.
SIE PASST BESONDERS GUT ZU SCHMALEN BANDNUDELN.

Zutaten für 4 Portionen

250 g zarter Blattspinat

Salz

1 Bund Frühlingszwiebeln

200 g frische Erbsen in der Hülse

4 Stangen grüner Spargel

2 EL Butter

100 ml Gemüsebrühe

½ Bio-Zitrone

100 g Blauschimmelkäse

50 g Sahne

Pfeffer aus der Mühle

Zeitbedarf
• ca. 30 Minuten

So geht's

1. Den Spinat verlesen und dickere Stiele entfernen, dann gründlich waschen und abtropfen lassen. In einem Topf etwas Salzwasser zum Kochen bringen. Spinat hineingeben, Deckel aufsetzen und die Blätter bei starker Hitze zusammenfallen lassen. Spinat in ein Sieb abgießen, kalt abschrecken und abtropfen lassen.

2. Von den Frühlingszwiebeln die Wurzelbüschel und die welken grünen Teile abschneiden. Die Frühlingszwiebeln waschen und in feine Ringe schneiden. Die Erbsen wie Bohnenhülsen aufbrechen (s. Seite 12/13) und aus den Hülsen lösen. Den Spargel waschen, die holzigen Enden abbrechen (s. Seite 20/21), die Spitzen abschneiden und beiseitelegen. Die Spargelstangen in etwa 1 cm dicke Scheiben schneiden.

3. Die Butter in einem Topf zerlassen. Frühlingszwiebeln, Spargel und Erbsen darin andünsten. Mit der Brühe ablöschen und zugedeckt bei schwacher Hitze in etwa 5 Minuten bissfest garen.

4. Inzwischen die Zitronenhälfte heiß waschen und abtrocknen, die Schale fein abreiben. Den Käse in kleine Würfel schneiden. Den Spinat grob hacken und mit dem Käse und der Sahne unter das Gemüse rühren. Alles bei schwacher Hitze unter Rühren erhitzen, bis der Käse geschmolzen ist. Die Sauce mit Zitronenschale, Salz und Pfeffer abschmecken und mit frisch gekochten Nudeln servieren.

EINKAUFSTIPP | FRISCHE ERBSEN müssen vor der Verwendung erst aus der Hülse gelöst werden. Dadurch ergibt sich ein großer Gewichtsverlust, der beim Einkauf bedacht werden muss. Erbsen in der Hülse wiegen etwa dreimal so viel wie das bereits ausgelöste Gemüse.

SPINATSAUCE
mit acht Gewürzen

DIESE SAUCE IST DER PURE AROMA-KICK! MIT SAHNE VERFEINERT SCHMECKT SIE AM BESTEN MIT BREITEN BANDNUDELN ODER REISNUDELN.

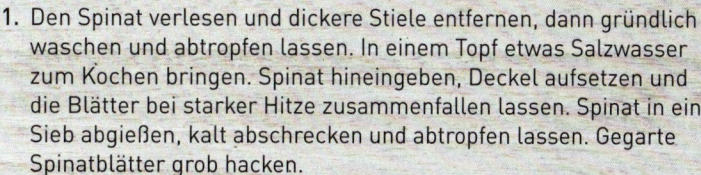

Zutaten für 4 Portionen

600 g zarter Blattspinat

Salz

1 Zwiebel

2 Knoblauchzehen

1 Stück Ingwer (ca. 1 cm)

je 1 TL Kurkuma, Chiliflocken, edelsüßes Paprikapulver und gemahlener Koriander

je 1 kräftige Prise Zimtpulver und Senfmehl

je 1 kleine Prise gemahlene Gewürznelken und frisch geriebene Muskatnuss

2 EL Öl

150 g Sahne

2 TL Zitronensaft

Zeitbedarf
• ca. 20 Minuten

So geht's

1. Den Spinat verlesen und dickere Stiele entfernen, dann gründlich waschen und abtropfen lassen. In einem Topf etwas Salzwasser zum Kochen bringen. Spinat hineingeben, Deckel aufsetzen und die Blätter bei starker Hitze zusammenfallen lassen. Spinat in ein Sieb abgießen, kalt abschrecken und abtropfen lassen. Gegarte Spinatblätter grob hacken.

2. Zwiebel, Knoblauch und Ingwer schälen und sehr fein hacken. Alle Gewürze mischen. Das Öl in einem Topf erhitzen. Zwiebel, Knoblauch und Ingwer in den Topf geben und unter Rühren 1–2 Minuten andünsten. Gemischte Gewürze unterrühren und leicht anrösten.

3. Die Sahne angießen und einmal kräftig aufkochen lassen. Den Spinat unter die Sauce rühren und heiß werden lassen. Die Sauce mit Zitronensaft und Salz abschmecken, mit frisch gekochter Pasta mischen und auf vorgewärmten Tellern verteilen.

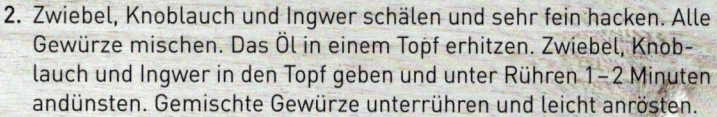

FÜR VEGANER | DIE SAHNE EINFACH WEGLASSEN und stattdessen mit dem Spinat etwas Gemüsebrühe zu der Würzmischung geben. Wer es gerne cremig mag, mischt zusätzlich einen Schuss Kokosmilch oder 1–2 EL Seidentofu unter den gewürzten Spinat.

DAS IST *wirklich* WICHTIG

[a] TEIG AUSROLLEN Dafür die Teigkugel zwischen zwei Bögen Backpapier legen und mit einem Nudelholz ausrollen. Dabei das Backpapier
nach und nach um die eigene Achse
drehen, damit der Teig nach allen
Seiten gleichmäßig ausgerollt und
möglichst rund wird. Der Teigkreis
sollte etwas größer als die Form sein.

[b] FORM AUSKLEIDEN Das obere
Papier abziehen. Den Teig in die
Form stürzen, Backpapier vorsichtig
entfernen. Den noch ausgefransten
Teigrand mit den Finderspitzen an
den Rand der Tarteform drücken
und überstehenden Teig entfernen.
In der Springform einen etwa 2 cm
hohen Teigrand formen.

[a]

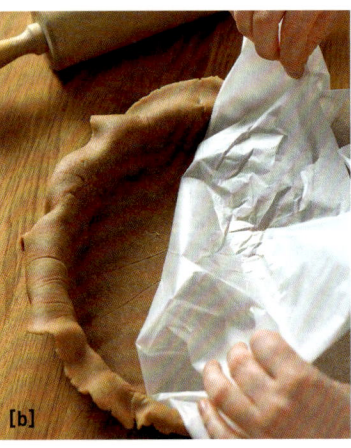

[b]

ZWIEBEL-QUICHE
mit Nussguss

SERVIEREN SIE DIE QUICHE ALS HAUPTGERICHT MIT EINEM SALAT.
ABGEKÜHLT SCHMECKT SIE AUCH AUF DEM BUFFET SEHR GUT.

Zutaten für 4 Portionen

250 g Weizen- oder Dinkelvoll-kornmehl, Salz

125 g kalte Butter + Butter für die Form

2 große Bund Frühlingszwiebeln

4 junge Knoblauchzehen

50 g Haselnusskerne

3 Eier (Größe M), 200 g Sahne

4 EL frisch geriebener Parmesan

150 g junger Bergkäse

Pfeffer aus der Mühle

frisch geriebene Muskatnuss

besonderes Werkzeug
· Spring- oder Tarteform (28 – 30 cm Ø)

Zeitbedarf
· ca. 1 Stunde
· 1 Stunde kühlen
· 35 – 40 Minuten backen

So geht's

1. Für den Mürbeteig in einer Schüssel Mehl und 1 TL Salz mit der Butter in kleinen Würfeln und 3–4 EL eiskaltem Wasser mit den Händen zu einem glatten Teig verkneten. Bei Bedarf weitere 1–2 EL Wasser unterkneten. Teig zu einer Kugel formen und ausrollen [→a].

2. Die Spring- oder Tarteform einfetten und mit dem Mürbeteig aus-kleiden [→b]. Die Form für etwa 1 Stunde in den Kühlschrank oder 15 Minuten ins Gefrierfach stellen.

3. In einem Topf Wasser zum Kochen bringen und salzen. Während-dessen die Frühlingszwiebeln waschen, putzen, der Länge nach halbieren, dann quer in etwa 5 cm lange Stücke schneiden und im heißen Wasser 1 Minute kochen lassen. Zwiebeln in ein Sieb ab-gießen. Den Knoblauch schälen und in feine Scheiben schneiden.

4. Den Backofen auf 200 °C (Ober- und Unterhitze; Umluft 180 °C) vorheizen. Die Nüsse in einer Pfanne bei mittlerer Hitze rösten, bis die Haut anfängt, sich abzulösen. Die Nüsse in einem sauberen Tuch gegeneinanderreiben und so die Haut möglichst gründlich ablösen. Die Haselnüsse mittelgrob hacken.

5. Eier, Sahne und Parmesan verrühren. Käse würfeln und mit Nüssen untermischen. Guss mit Salz, Pfeffer und Muskat abschmecken.

6. Zwiebeln und Knoblauch auf dem Teigboden verteilen. Den Nussguss darübergießen und die Quiche im heißen Ofen (Mitte) 35–40 Minuten backen, bis sie schön gebräunt ist. Herausneh-men, 5–10 Minuten ruhen lassen und servieren.

DAZU PASST | KRÄUTERSALAT MIT RADIESCHEN
100 g zarte gemischte (Wild-)Kräuter, 1 Bund Radieschen, 1 TL süßer Senf, 2 EL heller Essig, Salz, Pfeffer aus der Mühle, 4 EL Olivenöl Kräuter abbrausen und gut trocken schütteln. Radieschen samt Blättern waschen. Radieschen in dünne Scheiben schneiden und mit den zarten Radieschenblättern unter die Kräuter mischen. Restliche Zutaten zu einem Dressing verrühren und mit dem Salat mischen.

BLATTSPINAT
mit Ricotta-Pecorino-Haube

DIE KÄSEHAUBE GELINGT AUCH MIT PARMESAN. ALLERDINGS WIRD DER ITALIENISCHE HARTKÄSE GRUNDSÄTZLICH MIT TIERISCHEM LAB HERGESTELLT.

Zutaten für 4 Portionen

Salz

1 kg Blattspinat

1 Bund Frühlingszwiebeln

2 EL Olivenöl

1 EL Zitronensaft

Pfeffer aus der Mühle

125 g mittelalter Pecorino (am Stück)

2 Eier (Größe M)

250 g Ricotta

Zeitbedarf
• ca. 30 Minuten
• 15 Minuten backen

So geht's

1. In einem großen Topf Wasser zum Kochen bringen, salzen. Währenddessen den Spinat verlesen und mit einem Messer grobe Stiele abknipsen. Spinatblätter in stehend kaltem Wasser mehrmals gründlich waschen, dann im sprudelnd kochenden Wasser 1–2 Minuten blanchieren, bis sie zusammenfallen. Spinat in ein Sieb abgießen, abschrecken und abtropfen lassen.

2. Den Backofen auf 220 °C (Ober- und Unterhitze; Umluft 200 °C) vorheizen. Die Frühlingszwiebeln waschen, putzen und in feine Ringe schneiden. Spinat und Zwiebelringe mit Öl und Zitronensaft in einer feuerfesten Form mischen, salzen und pfeffern.

3. Den Käse von der Rinde befreien und fein reiben. Die Eier trennen. Die Eigelbe mit dem Ricotta gründlich verrühren. Den Käse untermischen und die Masse mit Salz und Pfeffer würzen. Mit den Quirlen des Handrührgeräts die Eiweiße mit 1 Prise Salz zu steifem Schnee schlagen, unter die Käsemasse heben. Die Masse als Haube auf dem Spinat verteilen.

4. Den Spinat im heißen Ofen (Mitte) etwa 15 Minuten backen, bis die Oberfläche schön gebräunt ist. Die Form aus dem Ofen nehmen, kurz ruhen lassen, dann den Spinat heiß servieren.

Dazu schmecken neue Kartoffeln besonders gut.

DIE VARIANTE | SPINATPFANNE MIT EIERN

1 kg Spinat, 1 Bund Frühlingszwiebeln, 4 Knoblauchzehen, 1 rote Chilischote, 2 EL Olivenöl, 125 g Sahne, Salz, 4 Eier (Größe M oder L), 4–8 EL frisch geriebener Pecorino Spinat und Frühlingszwiebeln wie oben beschrieben vorbereiten. Knoblauch und Chili fein hacken. Die Zwiebelringe in einer großen Pfanne im heißen Öl bei mittlerer Hitze andünsten. Knoblauch-Chili-Mischung kurz mitbraten. Spinat und Sahne untermischen, aufkochen lassen und salzen. In den Spinat mit einer Suppenkelle vier Mulden drücken. In jede Mulde 1 Ei aufschlagen und mit Pecorino bestreuen. Den Deckel auflegen und alles bei schwacher Hitze 5–7 Minuten garen, bis die Eier gestockt sind. Mit neuen Kartoffeln servieren.

FRÜHLINGSGEMÜSE
für den Vorrat

ZU VIEL BESTELLT? ODER EINFACH ZU SELTEN ZU HAUSE GEWESEN? ES KOMMT IMMER MAL WIEDER VOR, DASS MAN DAS GEMÜSE AUS DER BIOKISTE NICHT VERARBEITEN KANN. EINE GUTE LÖSUNG: EINMACHEN UND SICH EINFACH SPÄTER DRÜBER FREUEN.

KOHLRABI-RELISH

Für 1 Schraubglas (ca. 500 ml): 1 größerer Kohlrabi (ca. 400 g), 2 Frühlingszwiebeln, 2 frische Datteln, 50 g brauner Zucker, 50 ml Apfelessig, je 1 gestr. TL Currypulver und gelbes Senfmehl, Salz

So geht's: Den Kohlrabi schälen und klein würfeln. Zarte Kohlrabiblättchen abbrausen und hacken. Die Frühlingszwiebeln waschen, putzen und in Ringe schneiden. Datteln entsteinen und in Streifen schneiden. Zucker und Essig mit Curry, Senfmehl und 1 gestrichenen TL Salz in einem Topf zum Kochen bringen. Kohlrabi und Frühlingszwiebeln unterrühren und alles offen bei schwacher bis mittlerer Hitze etwa 40 Minuten köcheln lassen, bis das Relish dickflüssig wird. Dabei oft umrühren. Zum Schluss Datteln und gehackte Kohlrabiblätter untermischen, mit Salz würzen. Relish sofort in das Glas füllen, verschließen und abkühlen lassen.

Haltbarkeit: Kühl gelagert etwa 6 Monate.

MARINIERTE FRÜHLINGSZWIEBELN

Für 2 Schraubgläser (à ca. 200 ml): 1 großes Bund Frühlingszwiebeln, 1 rote Chilischote, 2 Knoblauchzehen, 100 ml Aceto balsamico, Salz, 1 EL Honig, 2 EL Olivenöl

So geht's: Die Frühlingszwiebeln waschen und putzen und in 3–4 cm lange Stücke schneiden. Die Chili waschen, das Stielende abschneiden. Die Schote mit oder ohne Kerne (ohne ist sie weniger scharf) in Ringe schneiden. Knoblauch schälen und in dünne Scheiben schneiden. Balsamico, 100 ml Wasser und 1 TL Salz zum Kochen bringen. Frühlingszwiebeln, Chili und Knoblauch darin in 3–4 Minuten bissfest kochen. Zwiebeln mit dem Schaumlöffel aus dem Sud heben und auf die Schraubgläser verteilen. Den Sud noch einmal aufkochen, Honig und Öl einrühren, mit Salz abschmecken. Sud in die Gläser füllen, bis die Zwiebeln davon bedeckt sind. Gläser verschließen und abkühlen lassen.

Haltbarkeit: Kühl gelagert etwa 1 Jahr.

MÖHREN IN ZITRONENÖL

Für 1 Schraubglas (ca. 600 ml): 400 g Möhren, 1 Stück Ingwer (ca. 1 cm), 1 Bio-Zitrone, einige Blättchen Bärlauch, Salz, 100 ml neutrales Öl oder Olivenöl, 1 TL Koriandersamen, 1 TL Zucker oder Honig

So geht's: Die Möhren schälen, putzen und in etwa 1 cm dicke Scheiben schneiden. Den Ingwer schälen und erst in dünne Scheiben, dann in feine Streifen schneiden. Die Zitrone heiß waschen und abtrocknen, die Schale dünn abschälen und in feine Streifen schneiden, den Saft auspressen. Den Bärlauch abbrausen, trocken schütteln und in Streifen schneiden. In einem Topf etwa 3 cm hoch Salzwasser zum Kochen bringen. Die Möhren darin zugedeckt in etwa 5 Minuten bissfest kochen, in ein Sieb abgießen und abschrecken. Kochsud auffangen. Das Öl in einem kleinen Topf sanft erwärmen, Ingwer und Zitronenschale unterrühren und kurz erwärmen. Bärlauch in den Topf geben und nur zusammenfallen lassen. 150 ml Kochsud, Zitronensaft, Möhren und Koriander unter das Öl mischen, mit Salz und Zucker oder Honig abschmecken. Möhren und Ölmischung in das Glas füllen, verschließen und abkühlen lassen.

Haltbarkeit: Kühl gelagert etwa 2 Monate.

KRÄUTER-PESTO

Für 2 Schraubgläser (à ca. 200 ml): 100 g Nüsse, 150 g frische (gemischte) Kräuter, 150 ml Olivenöl, Salz, Pfeffer aus der Mühle

So geht's: Die Nüsse in einer kleinen Pfanne ohne Fett bei mittlerer Hitze unter Rühren 1–2 Minuten rösten, bis sie duften. Auf einem Teller beiseitestellen. Grobe Stiele von den Kräutern entfernen. Die Kräuter waschen, gründlich trocken tupfen und fein hacken. Dann mit Nüssen und Olivenöl fein pürieren. Das Pesto salzen und pfeffern und in die Gläser füllen. Jeweils mit einer dünnen Schicht Öl abschließen und die Gläser verschließen.

Haltbarkeit: Kühl gelagert etwa 2 Monate. Nach jedem Gebrauch die abschließende Ölschicht auffüllen.

Kräutervarianten: Basilikum pur schmeckt bekanntermaßen wunderbar. Fein sind auch Minze oder Kerbel und Basilikum mit Petersilie gemischt, Rucola, Brunnenkresse oder Feldsalat (im Winter).

Nussvarianten: Fein im Geschmack sind Pinienkerne, Mandeln und Cashewkerne. Zu kräftigen Kräutern passen Hasel- oder Walnüsse.

SOMMER
bunte Vielfalt

SONNENGEREIFTE TOMATEN, PRALLE ZUCCHINI UND GLÄNZENDE AUBERGINEN. DER SOMMER VERWÖHNT UNS MIT KRÄFTIGEN AROMEN, VERBUNDEN MIT SAFTIGER FRISCHE. GENAU DAS RICHTIGE FÜR HEISSE TAGE!

SOMMERGEMÜSE Scannen Sie den QR-Code ein und finden Sie nützliche Zusatzinfos und eine Rezeptliste zu den regionalen Gemüsesorten des Sommers im Überblick. Oder auch unter www.m.kosmos.de/13399/tb3.

LAUWARMER SALAT
aus Zucchini und Tomaten

EINE LEICHTE UND VITAMINREICHE VORSPEISE, EIN KLEINES ABENDESSEN
ODER AUCH EINE BEILAGE ZU DEN GETREIDEBRATLINGEN VON SEITE 55.

Zutaten für 4 Portionen

1 – 2 Zucchini (ca. 500 g)

6 Zucchiniblüten (falls erhältlich)

200 g Cocktailtomaten

2 Knoblauchzehen

½ Bio-Zitrone

4 Stängel Minze

2 EL Pinienkerne

4 EL Olivenöl

1 getrocknete Chilischote

2 EL grüne Oliven

1 TL Kapern oder 1 EL Kapernäpfel (Glas; nach Belieben)

Salz

Zeitbedarf
• ca. 30 Minuten

So geht's

1. Die Zucchini waschen und putzen, der Länge nach vierteln und quer in etwa 1 cm dicke Scheiben schneiden. Die Zucchiniblüten vorsichtig abbrausen und den Blütenstempel aus der Mitte der Blüte entfernen. Die Tomaten waschen und halbieren. Den Knoblauch schälen und in dünne Scheiben schneiden.

2. Die Zitronenhälfte waschen und abtrocknen, ein Stück Schale (etwa 2 cm) dünn abschneiden, den Saft auspressen. Die Zitronenschale fein hacken. Die Minze abbrausen und trocken schütteln, die Blättchen in Streifen schneiden. Die Pinienkerne in einer Pfanne ohne Fett bei mittlerer Hitze unter Rühren rösten, beiseitestellen.

3. In der Pfanne 2 EL Öl erhitzen, die Zucchini darin bei starker bis mittlerer Hitze unter Rühren in etwa 5 Minuten leicht braun anbraten. Chili darüberkrümeln. Zucchiniblüten und Knoblauch dazugeben und alles weitere 2 Minuten braten.

4. Tomaten, Oliven und nach Belieben Kapern oder Kapernäpfel unterrühren und nur erwärmen. Minze und Zitronenschale untermischen. Den Salat mit 2–3 TL Zitronensaft abschmecken, salzen und pfeffern. Mit übrigem Olivenöl beträufeln und mit Pinienkernen bestreuen.

Dazu schmeckt Ciabatta mit Oliven.

DIE VARIANTE | SALAT AUS GEBRATENEM GEMÜSE
1 kleine Aubergine, 2 junge Zucchini, je 1 kleine gelbe und rote Paprikaschote, je 1 Zweig Rosmarin und Oregano, 2 Zweige Thymian, 4 Salbeiblättchen, 2 Knoblauchzehen, 4 EL Olivenöl, Salz, Chiliflocken, 200 g Tomaten, ½ Bund Minze, 2 EL Zitronensaft, 200 g Feta (Schafskäse) Das Gemüse würfeln. Kräuterblättchen und Knoblauch fein hacken. Aubergine in einer Pfanne in 2 EL heißem Olivenöl bei mittlerer Hitze unter Rühren 3–4 Minuten braten. Das restliche Gemüse mit Kräutern und Knoblauch unterrühren, übriges Öl darüberträufeln. Weiterbraten, bis das Gemüse leicht gebräunt ist, mit Salz und Chiliflocken abschmecken. Tomaten und Minzeblättchen klein schneiden und mit Zitronensaft unter das Gemüse mischen. Salat abschmecken, abkühlen lassen und mit zerkrümeltem Käse bestreut servieren.

DAS IST *wirklich* WICHTIG

....

[a] BRATLINGE BRATEN Dafür je 1 EL Quarkmasse in die Pfanne setzen, etwas flacher drücken und bei mittlerer Hitze auf einer Seite 4 – 5 Minuten braten. Bratlinge mit einem Pfannenwender umdrehen und nochmals so lange braten, bis beide Seiten schön gebräunt sind.

SO GEBRÄUNT, SIND DIE BRATLINGE ZUM WENDEN BEREIT.

[a]

KNUSPER-BOHNEN
mit Quarkbratlingen

DIESE ZUBEREITUNGSART DER BOHNEN STAMMT AUS DEM SCHWEIZERISCHEN GRAUBÜNDEN. MIT DEN QUARKBRATLINGEN EINE VOLLWERTIGE MAHLZEIT!

Zutaten für 4 Portionen

500 g Quark (Mager- oder Halbfettstufe)

150 g Hartweizengrieß

2 Eier (Größe M)

Salz, 600 g grüne Bohnen

100 g Vollkornbrot

4 Frühlingszwiebeln

2 Knoblauchzehen

1 Stück Bio-Zitronenschale (ca. 1 cm)

½ Bund Bohnenkraut

4 Stängel Petersilie

Salz, Pfeffer aus der Mühle

1 Prise frisch geriebene Muskatnuss

2 EL Öl oder Butterschmalz zum Braten

2 EL Butter

1 EL Olivenöl

Pfeffer aus der Mühle

Zeitbedarf
• 1 Stunde

So geht's

1. Für die Bratlinge Quark, Grieß und Eier in einer Schüssel gründlich verrühren und etwa 30 Minuten quellen lassen.

2. Inzwischen für die Knusper-Bohnen in einem großen Topf Salzwasser aufkochen, salzen. Die Bohnen waschen und putzen und je nach Größe halbieren oder dritteln. Das Brot zerkrümeln. Die Frühlingszwiebeln waschen, putzen und in feine Ringe schneiden. Den Knoblauch schälen und mit der Zitronenschale fein hacken. Bohnenkraut und Petersilie abbrausen und trocken schütteln. Petersilienblättchen abzupfen und fein schneiden.

3. Bohnen mit Bohnenkraut im kochenden Wasser in 10–12 Minuten bissfest garen. Inzwischen die Quarkmasse mit Salz, Pfeffer und Muskat abschmecken. Öl oder Butterschmalz in einer großen Pfanne erhitzen und 8 Quarkbratlinge darin ausbraten [→a], warm halten. Die Bohnen abgießen, abschrecken und abtropfen lassen.

4. Die Hälfte der Butter in einer Pfanne zerlassen, Brotkrümel darin bei mittlerer Hitze unter Rühren knusprig braten. Zwiebelringe und Knoblauch dazugeben und 1–2 Minuten mitbraten.

5. Bohnen mit übriger Butter, Petersilie, Zitronenschale, Brotkrümeln und Olivenöl zurück in den Topf geben, gut mischen, abschmecken und mit den Quarkbratlingen servieren.

DIE VARIANTE | GRÜNE-BOHNEN-SALAT MIT KARTOFFELN
800 g festkochende Kartoffeln, 500 g grüne Bohnen, ½ Bund Bohnenkraut, Salz, 4 Frühlingszwiebeln, 1 Bio-Zitrone, 1 EL scharfer Senf, ⅛ l Gemüsebrühe, Pfeffer aus der Mühle, 5 EL Olivenöl Kartoffeln ungeschält kochen. Bohnen wie oben vorbereiten und mit Bohnenkraut garen. Frühlingszwiebeln fein hacken. Zitronenschale fein abreiben und mit 2 EL Zitronensaft, Senf, Bohnenkrautblättchen und Brühe verrühren, salzen und pfeffern. Öl nach und nach unterschlagen. Kartoffeln schälen, etwa 1 cm groß würfeln und mit Bohnen und Frühlingszwiebeln unter die Sauce mischen, abschmecken.

FENCHEL-SALAT
mit Parmesan

DIESE VORSPEISE IST SCHNELL GEMACHT. MIT GERÖSTETEM BROT DAZU UND EINEM DESSERT DANACH WIRD DARAUS EIN IMBISS FÜR ZWEI.

Zutaten für 4 Portionen

2–3 mittelgroße Fenchelknollen

6 EL Olivenöl

Salz

1 Fleischtomate

2 EL Zitronensaft

Pfeffer aus der Mühle

50 g Parmesan (am Stück; s. Einkaufstipp)

Zeitbedarf
• ca. 30 Minuten

So geht's

1. Den Fenchel waschen, alle welken Stellen und die dicken Stiele abschneiden. Das zarte Fenchelgrün ebenfalls entfernen und beiseitelegen – es hat viel Geschmack und eine Menge Vitamine zu bieten. Die Knollen vierteln und die Strünke knapp herausschneiden, sodass die einzelnen Schichten noch zusammenhalten. Dann die Viertel quer mit einem scharfen Messer mit dünner Klinge oder mit einem Hobel in feine Scheiben teilen.

2. In einer Pfanne 2 EL Olivenöl erhitzen. Den Fenchel dazugeben, salzen und bei mittlerer Hitze in etwa 5 Minuten bissfest braten. Dabei ab und zu umrühren.

3. Inzwischen die Tomate waschen, putzen und in kleine Würfel schneiden, leicht salzen. Den Zitronensaft mit Salz und Pfeffer verrühren, das restliche Öl mit einer Gabel unterschlagen, bis eine cremige Sauce entsteht.

4. Den gebratenen Fenchel mit Salz und Pfeffer abschmecken und auf vier Tellern verteilen. Die Sauce darüberlöffeln und die Tomaten darauf verteilen. Den Parmesan in feinen Spänen über den Salat hobeln. Fenchel-Salat möglichst gleich servieren.

EINKAUFSTIPP | KÄSE Für Vegetarier wird immer wichtiger, dass Käse nicht mit tierischem Lab hergestellt wird. Dieses Enzym, das man zum Gerinnen der Milch einsetzt, wird traditionell aus dem Magen junger Kälber gewonnen. Inzwischen haben einige Käsehersteller darauf reagiert und verwenden nur noch mikrobielles oder gentechnisch hergestelltes Lab. In den Käsetheken der Bio-Läden ist diese Herstellung meist besonders ausgewiesen. Parmesan wird allerdings immer mit Kälberlab produziert. Wer das nicht möchte, kann auf Pecorino oder einen anderen Hartkäse zurückgreifen.

SELLERIE-TABOULÉ

mit Minze und gerösteten Nusskernen

DIESER SALAT LÄSST SICH GUT VORBEREITEN: IDEAL FÜR DIE MITTAGS-PAUSE, ABER AUCH ALS KLEINES, SCHNELLES SOMMERESSEN.

Zutaten für 4 Portionen

200 g (Instant-)Couscous

4 – 5 Stangen Staudensellerie (je nach Größe)

½ Salatgurke

2 Frühlingszwiebeln

1 großes Bund Minze

4 EL Zitronensaft

1 TL gemahlener Koriander

1 TL scharfes Paprikapulver oder Chiliflocken

Salz

5 EL + 2 TL Olivenöl

4 EL gemischte Nüsse und Kerne (z. B. Pinienkerne, Mandelstifte und Sonnenblumenkerne)

200 g Räuchertofu

Zeitbedarf
• ca. 35 Minuten

So geht's

1. Den Couscous in einer Schüssel mit 400 ml lauwarmem Wasser mischen und quellen lassen.

2. Inzwischen die Selleriestangen waschen und die Enden abschneiden. Falls sich dabei Fäden lösen, diese gleich mit abziehen. Zarte Sellerieblättchen hacken und beiseitelegen. Die Selleriestangen in kleine Würfel schneiden. Das Gurkenstück schälen oder waschen und ebenfalls klein würfeln. Die Wurzelenden und welken grünen Teile der Frühlingszwiebeln abschneiden. Die Frühlingszwiebeln waschen und in feine Ringe schneiden. Die Minze abbrausen, trocken schütteln, dann die Blättchen abzupfen und sehr fein hacken.

3. Den Zitronensaft mit Koriander, Paprikapulver oder Chiliflocken und Salz verrühren. 5 EL Öl nach und nach zu einer cremigen Sauce unterschlagen.

4. Gurken- und Selleriewürfel, Sellerieblättchen, Minze und Frühlingszwiebeln mit der Sauce unter den ausgequollenen Couscous mischen. Taboulé abschmecken.

5. Nüsse und Kerne in einer Pfanne bei mittlerer Hitze zunächst ohne Fett anrösten, bis sie duften. Dann 2 TL Öl in die Pfanne träufeln und die Nüsse kurz weiterrösten, bis sie leicht braun werden, salzen. Den Räuchertofu erst in Scheiben schneiden und dann hacken. Nüsse, Kerne und Tofu vor dem Servieren auf das Sellerie-Taboulé streuen.

SO SCHMECKT'S AUCH | MIT FETA Er ist eine gute Alternative für alle, die den rauchigen Geschmack des Tofus nicht so gerne mögen. Dafür vor dem Servieren die gleiche Menge Schafskäse über das Taboulé krümeln.

PAPRIKACREMESUPPE
mit Ziegenkäsebroten

FÜR EINE VEGANE VARIANTE DIE FRUCHTIG-FRISCHE SUPPE STATT MIT SAHNE
MIT SEIDENTOFU VERFEINERN UND DIE BROTE OHNE ZIEGENKÄSE RÖSTEN.

Zutaten für 4 Portionen

je 2 rote und gelbe Paprikaschoten

1 Stange junger Lauch

2 Tomaten, 2 Knoblauchzehen

2 Zweige Oregano

2 Salbeiblättchen, 2 EL Olivenöl

800 ml Gemüsebrühe

Salz, Pfeffer aus der Mühle

je 1 TL rosenscharfes und
edelsüßes Paprikapulver

150 g Ziegen-Camembert

8 Scheiben (Vollkorn-)Baguette

100 g Sahne, 2 TL Zitronensaft

besonderes Werkzeug
• Pürierstab

Zeitbedarf
• ca. 35 Minuten

So geht's

1. Die Paprikaschoten waschen und halbieren, putzen und grob würfeln. Den Lauch putzen, längs aufschneiden und zwischen den Schichten waschen, dann in dünne Streifen schneiden. Die Tomaten putzen, häuten (s. Seite 64/65) und würfeln.

2. Den Backofen auf 225 °C (Ober- und Unterhitze; Umluft 200 °C) vorheizen. Den Knoblauch schälen und fein hacken. Die Kräuter waschen und trocken schütteln, die Blättchen fein hacken.

3. Das Öl in einem Suppentopf erhitzen, Lauch, Knoblauch und Kräuter darin unter Rühren bei mittlerer Hitze 1–2 Minuten andünsten. Paprika unterrühren und kurz mitdünsten. Die Brühe angießen und die Tomaten unterrühren, mit Salz, Pfeffer und den beiden Paprikapulvern würzen. Die Suppe einmal aufkochen, zudecken und bei schwacher bis mittlerer Hitze etwa 10 Minuten köcheln lassen.

4. Inzwischen den Ziegen-Camembert in knapp 1 cm dicke Scheiben schneiden und auf den Baguettescheiben verteilen. Die Brote auf ein mit Backpapier belegtes Backblech setzen und im heißen Ofen (Mitte) etwa 5 Minuten leicht rösten.

5. Die Suppe im Topf pürieren, dann die Sahne unterrühren. Die Paprikacremesuppe mit Zitronensaft, Salz und Pfeffer abschmecken und mit den gratinierten Ziegenkäsebroten servieren.

DIE VARIANTE | GELBE PAPRIKA-MAIS-SUPPE
**1 frischer Maiskolben, 4 gelbe Paprikaschoten, 1 Zwiebel, 2 Knoblauchzehen, 1 EL neutrales Öl,
900 ml Gemüsebrühe, Salz, Pfeffer aus der Mühle, ¼ Bund Koriandergrün** Vom Maiskolben die grünen
Hüllblätter und Fäden abziehen. Die Maiskörner mit einem scharfen Messer vom Kolben schneiden.
Paprikaschoten waschen, putzen und würfeln. Zwiebel und Knoblauch schälen, hacken und mit Paprika
im heißen Öl 1–2 Minuten andünsten. Die Brühe angießen, aufkochen und bei schwacher Hitze zugedeckt
etwa 10 Minuten köcheln lassen. Suppe pürieren, salzen und pfeffern. Mais unterrühren und in etwa
5 Minuten in der Suppe bissfest garen. Korianderblättchen fein hacken und über die fertige Suppe streuen.

DAS IST *wirklich* WICHTIG

[a] STREUSEL ZUBEREITEN Am besten gelingen sie mit flüssiger Butter. Lassen Sie die Butter in einem dünnen Strahl in die Mehlmischung fließen und fahren Sie mit einer Gabel kreuz und quer durch diese Mischung, bis mittelgroße Streusel entstanden sind.

[a]

PAPRIKA UND TOMATEN
mit Oliven-Crumble

WUNDERBAR SAFTIG IM INNEREN UND HERRLICH KNUSPRIG AN DER OBER-FLÄCHE – DIESES FEINE SOMMERGERICHT SCHMECKT AUCH MIT ZUCCHINI UND BLANCHIERTEM MANGOLD AUSGEZEICHNET!

Zutaten für 4 Portionen

je 1 große rote und gelbe Paprikaschote

500 g Tomaten

2 Frühlingszwiebeln

2 Knoblauchzehen

4 Zweige Thymian

250 g Mascarpone oder Ricotta

3 Eier (Größe M)

Salz, Pfeffer aus der Mühle

1 kräftige Prise Cayennepfeffer oder Chiliflocken

100 g Butter

½ Bio-Zitrone

100 g schwarze Oliven (ohne Stein)

150 g Weizen- oder Dinkelvollkornmehl

25 g frisch geriebener Parmesan oder Pecorino

Zeitbedarf
• ca. 35 Minuten
• 40 Minuten backen

So geht's

1. Die Paprikaschoten waschen, halbieren und jeweils den Stiel sowie die Kerne mitsamt den Trennhäutchen herauslösen. Die Paprika in Streifen schneiden. Aus den Tomaten den Stielansatz herausschneiden. Die Tomaten in einer Schüssel überbrühen. Wenn die Haut anfängt, sich zu lösen, Tomaten abgießen und abschrecken, dann häuten (s. Seite 64/65) und in Würfel schneiden.

2. Die Frühlingszwiebeln waschen, die Wurzelenden und die welken grünen Teile entfernen. Die Zwiebeln in feine Ringe schneiden. Den Knoblauch schälen und fein hacken. Den Thymian waschen und trocken schütteln, die Blättchen von den Stielen streifen.

3. Den Mascarpone oder den Ricotta in einer großen Schüssel gründlich mit den Eiern verrühren. Gemüse, Zwiebeln, Knoblauch und Thymian untermischen und mit Salz, Pfeffer und Cayennepfeffer oder Chili würzen. Die Mischung in eine feuerfeste Form füllen. Den Backofen auf 200 °C (Ober- und Unterhitze; Umluft 180 °C) vorheizen.

4. Für die Streusel die Butter in einem kleinen Topf bei schwacher Hitze schmelzen und wieder etwas abkühlen lassen. Die Zitronenhälfte waschen und abtrocknen, die Schale fein abreiben. Die Oliven sehr fein hacken. Mehl, Oliven, Zitronenschale und 1 kräftige Prise Salz mischen und mit der flüssigen Butter zu Streuseln verarbeiten [→a].

5. Die Streusel auf dem Gemüse in der Form verteilen, mit Parmesan oder Pecorino bestreuen. Im heißen Ofen (Mitte) etwa 40 Minuten backen, bis die Streusel schön knusprig sind. Den Crumble aus dem Ofen nehmen, kurz ruhen lassen und dann servieren.

Dazu schmeckt Salat, am besten Blattsalat.

KRAFTPAKETE

aus vollem Korn

REICHLICH KOHLENHYDRATE UND BALLASTSTOFFE, DIE MINERALSTOFFE MAGNESIUM UND EISEN SOWIE VITAMINE DER B-GRUPPE MACHEN GETREIDE & CO. ZU BESONDERS WERTVOLLEN LEBENSMITTELN, DIE VOR ALLEM VEGETARIER MÖGLICHST HÄUFIG AUF DEN SPEISEPLAN SETZEN SOLLTEN.

Für Vollkornprodukte wie dunkle Teigwaren und Mehle werden Getreidekörner nur geschält und mit den Randschichten verarbeitet. Denn sie enthalten die meisten Nährstoffe und die für die Verdauung wichtigen Ballaststoffe. Außerdem wird der gesundheitliche Wert von Getreide & Co. noch erhöht, wenn man sie in einem Gericht mit Hülsenfrüchten, Nüssen und/oder Milchprodukten kombiniert. Grundsätzlich können Sie jeden Teig aus Weißmehl auch mit der Vollkornvariante herstellen. Mischen Sie dafür einfach etwas mehr Flüssigkeit unter den Teig, meist genügen 1–2 EL kaltes Wasser. Und wer möchte, kocht auch mal Vollkornpasta und -spätzle, die eventuell eine etwas längere Garzeit als die Varianten aus hellem Mehl haben.

DIE QUAL DER WAHL

Amaranth, ein hirseähnliches Gewächs, zählt botanisch gesehen nicht zu den Getreidearten. Die winzigen Körnchen enthalten aber wesentlich mehr Eisen als alle Getreide und haben sogar mehr Kalzium zu bieten als Milch. Darüber hinaus enthält Amaranth wertvolle Fette und hochwertiges Eiweiß. Amaranth gart in der zweieinhalbfachen Menge Wasser in etwa 30 Minuten.

Gerste kommt fast immer geschliffen und poliert in den Handel. Die größeren Getreidekörner bezeichnet man als Rollgerste oder Graupen, die kleineren heißen Perlgraupen und sind tolle Einlagen für Suppen und Eintöpfe. Gerste braucht in der dreifachen Menge Wasser 45–60 Minuten, um gar zu werden.

Hirsekörner sind vielseitig einsetzbar. Die winzigen gelben Körner müssen vor der Verarbeitung immer gewaschen werden, sonst können sie bitter schmecken. Hirse braucht in der doppelten Menge Wasser etwa 25–30 Minuten, zum Garen.

Polenta ist Grieß aus getrockneten Maiskörnern. Es gibt sie fein und grob gemahlen. Polenta braucht etwa 40 Minuten zum Garen, feine Instant-Polenta ist vorgegart und schon nach 5 Minuten fertig.

Quinoa ist kein Getreide, sondern der Samen einer Gemüseart. Er enthält sehr hochwertiges Eiweiß und ist reich an Magnesium. Quinoa hat in der doppelten Menge Wasser eine Garzeit von etwa 20 Minuten und schmeckt gut als Beilage.

Reis wird in Rund-, Mittel- und Langkornreis eingeteilt. Er wird geschält und poliert als weißer Reis, ungeschält als brauner Vollkornreis angeboten. Weißer Reis gart in der doppelten Menge Wasser in 15–20 Minuten, Vollkornreis in der zweieinhalb- bis dreifachen Menge in etwa 50 Minuten.

Weizen und Dinkel werden hauptsächlich in Form von Mehl verarbeitet, können aber auch geschrotet oder als ganzes Korn gekocht werden. **Kamut** ist eine besonders alte Weizenart, deren Körner doppelt so groß werden können wie die des Weizens. Er enthält noch mehr Eiweiß, lebensnotwendige Fettsäuren sowie Vitamine und Mineralstoffe. **Grünkern** ist unreif geernteter Dinkel, der über Holzfeuer

gedarrt wird. Das Getreide schmeckt würzig und leicht rauchig. Ob Weizen, Dinkel, Kammut oder Grünkern, die ganzen Körner sollten zuerst 8–12 Stunden in Wasser eingeweicht werden und brauchen dann eine Garzeit von 1–1½ Stunden. Für **Bulgur** werden Weizenkörner gekocht, getrocknet und anschließend fein oder grob geschrotet. Feiner Bulgur muss nur in Wasser quellen und schmeckt z.B. als Salat. Grob geschrotet muss er in gut der doppelten Menge Wasser 15–20 Minuten gekocht werden. **Couscous** wird aus Hartweizen hergestellt. Die feinen grießähnlichen Körnchen lassen sich ungekocht einweichen und als Salat zubereiten. Gut schmecken sie aber auch gekocht oder gedämpft als Beilage.

GRUNDREZEPT GETREIDEBRATLINGE
Sie gelingen aus Buchweizen, Gerste, Hafer, Roggen, Weizen, Dinkel und Grünkern besonders gut. 200 g Körner grob schroten und in 400 ml Wasser oder Gemüsebrühe 20 Minuten köcheln lassen. Zugedeckt abkühlen, dann mit 1 gehackten Zwiebel und 2 gepressten Knoblauchzehen, 1 EL gehackter Petersilie oder 2 TL Thymianblättchen, 2 Eiern, Salz und Pfeffer oder Chiliflocken vermischen und zu Bratlingen formen. In 3–4 EL Öl bei mittlerer Hitze pro Seite etwa 5 Minuten anbraten.

BLUMENKOHL
frittiert auf gebratenem Reis

BLUMENKOHL IST KALORIENARM, LIEFERT ABER MEHR VITAMIN C ALS DIE GLEICHE MENGE ORANGEN. AUSSERDEM HAT ER EINEN BEACHTLICHEN GEHALT AN FOLSÄURE UND PHOSPHOR.

Zutaten für 4 Portionen

200 g (Vollkorn-)Langkornreis

Salz

1 kleiner Blumenkohl (ca. 700 g)

1 Bund Frühlingszwiebeln

2 Knoblauchzehen

2 rote Chilischoten

1–2 TL Koriandersamen

¾ l neutrales Öl zum Frittieren

4–6 EL Kichererbsenmehl (Bio-Laden)

Pfeffer aus der Mühle

2 EL Öl

3 Eier (Größe M)

3 EL Sojasauce

1 EL Sesamöl

¼ Bund Koriandergrün

besonderes Werkzeug
• Mörser

Zeitbedarf
• ca. 40 Minuten
• über Nacht ruhen

So geht's

1. In einem Topf den Reis mit 400 ml Wasser und Salz aufkochen, dann zugedeckt bei schwacher Hitze in etwa 20 Minuten körnig ausquellen lassen. Vollkornreis benötigt ca. 50 Minuten. Den Reis abkühlen und bis zum nächsten Tag ruhen lassen.

2. Am nächsten Tag in einem Topf Wasser zum Kochen bringen, salzen. Währenddessen den Blumenkohl putzen und waschen, in kleine Röschen teilen und die Stiele etwa 1 cm groß würfeln. Beides im kochenden Wasser etwa 2 Minuten vorgaren, in ein Sieb abgießen, abschrecken und abtropfen lassen.

3. Frühlingszwiebeln waschen, putzen und in feine Ringe schneiden. Den Knoblauch schälen, die Chilischoten waschen und putzen. Beides fein hacken. Die Koriandersamen in einer kleinen Pfanne ohne Fett anrösten und im Mörser grob zerstoßen.

4. In einem Wok oder weiten Topf das Öl zum Frittieren erhitzen [→a]. Das Kichererbsenmehl in einem Teller mit Salz und Pfeffer würzen. Den Blumenkohl darin wenden, dann portionsweise im heißen Fett in 3–4 Minuten knusprig frittieren, mit einem Schaumlöffel herausheben, auf einer dicken Lage Küchenpapier abfetten lassen und im Backofen bei 100 °C warm halten.

5. In einer weiten Pfanne das Öl erhitzen. Den Reis darin verteilen und 3–4 Minuten bei starker Hitze braten, ohne ihn umzurühren. Wenden und noch einmal so lange braten. Auf schwache Hitze zurück schalten. Zwiebelringe, Knoblauch, Chili und Koriander untermischen und mit Salz abschmecken. Die Eier mit Sojasauce und Sesamöl verrühren, über den Reis gießen und unterrühren. Eier nur stocken, aber nicht trocken werden lassen.

6. Inzwischen den Koriander waschen und trocken schütteln, die Blättchen grob hacken und mit dem Blumenkohl auf dem Reis verteilen.

Dazu passt ein Gurkensalat mit Joghurtdressing.

DIE BLÄSCHEN VERRATEN, OB DAS FETT DIE RICHTIGE TEMPERATUR HAT.

[a]

DAS IST *wirklich* WICHTIG

[a] FETT ERHITZEN Damit sich der Blumenkohl beim Frittieren nicht mit Öl vollsaugt, muss das Fett wirklich heiß sein. Dadurch bildet sich sofort eine Kruste und das Fett kann nicht mehr in das Gemüse eindringen. Machen Sie die Probe mit einem hölzernen Kochlöffelstiel, den Sie ins Öl tauchen. Bilden sich rundherum gleich viele kleine Bläschen, ist das Fett heiß genug.

DAS IST *wirklich* WICHTIG

[a] GURKEN ENTKERNEN Die Kerne im weichen Fruchtfleisch machen das Gemüse leicht wässrig. Um sie zu entfernen, an einem Ende mit einem scharfkantigen Teelöffel unter die Kerne fahren und diese mitsamt dem weichen wässrigen Fleisch herausschaben.

[a]

GESCHMORTE GURKEN
mit Dillpaste und Mandelreis

DER BEWEIS: GURKEN SCHMECKEN NICHT NUR ROH WUNDERBAR. VEGANER
VERWENDEN STATT BUTTER DIE GLEICHE MENGE ÖL UND VERFEINERN DIE GURKEN
ZUM SCHLUSS MIT ETWAS MANDELMUS.

Zutaten für 4 Portionen

1 großes Bund Dill

2 EL + 50 g gehobelte Mandeln

1 EL Olivenöl

Salz, Pfeffer aus der Mühle

2 EL Butter

250 g (Vollkorn-)Langkornreis

600 ml Gemüsebrühe

800 g Salat- oder Schmorgurken

400 g Tomaten

1 weiße Zwiebel

100 g Crème fraîche oder
saure Sahne

besonderes Werkzeug
• Pürierstab

Zeitbedarf
• ca. 40 Minuten

So geht's

1. Für die Dillpaste den Dill kalt abbrausen und trocken schütteln, die
   Dillspitzen abzupfen und grob hacken. 2 EL Mandelblättchen in
   einer trockenen Pfanne bei mittlerer Hitze 1–2 Minuten anrösten,
   anschließend mit Dill und Öl fein pürieren, salzen und pfeffern.

2. Für den Reis 1 EL Butter in einem Topf schmelzen und 50 g Mandelblättchen darin anbraten. Den Reis dazugeben und kurz mitbraten,
   dann die Brühe angießen und aufkochen lassen. Den Reis zugedeckt bei schwacher Hitze in etwa 20 Minuten körnig ausquellen
   lassen. Vollkornreis benötigt ca. 50 Minuten.

3. Inzwischen die Gurken waschen, putzen und schälen. Die Gurken
   der Länge nach halbieren und entkernen [→a]. Die Gurkenhälften
   quer in etwa 1 cm breite Scheiben schneiden. Die Tomaten häuten
   (s. Seite 64/65) und klein würfeln. Die Zwiebel schälen und ebenfalls in kleine Würfel schneiden.

4. Die restliche Butter in einem weiten Topf zerlassen. Die Zwiebel
   darin andünsten, die Gurken dazugeben und bei mittlerer Hitze
   unter Rühren 1–2 Minuten mitdünsten. Tomatenwürfel unterrühren,
   alles salzen und pfeffern, abdecken und bei schwacher Hitze etwa
   10 Minuten garen, bis die Gurken bissfest sind. Die Crème fraîche
   untermischen. Die Gurken abschmecken und mit der Dillpaste und
   dem Mandelreis servieren.

DIE VARIANTE | GEBRATENE GURKEN MIT CHILI UND KNOBLAUCH
800 g Gurken, 4 Knoblauchzehen, 2 getrocknete Chilischoten, 3 EL Olivenöl, Salz, 2 TL Zitronensaft
Die Gurken waschen, putzen, entkernen und längs vierteln, dann quer in dünne Scheiben schneiden.
Den Knoblauch schälen und fein hacken. Die Chilis im Mörser fein zerstoßen. Gurken in 2 EL heißem
Olivenöl bei starker Hitze unter Rühren ca. 5 Minuten anbraten, Knoblauch und Chili dazugeben und
nur kurz mitbraten. Gebratene Gurken mit Salz und Zitronensaft abschmecken, mit restlichem Öl
beträufeln und mit gebratenem Reis oder Tofu servieren.

ZUCCHINI-PARMIGIANA

im Ofen gratiniert

DAS ORIGINAL WIRD MIT AUBERGINEN ZUBEREITET – MIT SAFTIGEN ZUCCHINI
SCHMECKT DIE SÜDITALIENISCHE SPEZIALITÄT ABER EBENSO GUT.

Zutaten für 4 Portionen

1 kg Tomaten
je 3 Zweige Rosmarin, Oregano und Thymian
1 Zwiebel
2 Knoblauchzehen
2 getrocknete Chilischoten
1 EL + ca. 100 ml Olivenöl
Salz, Pfeffer aus der Mühle
3–4 Zucchini (ca. 800 g)
100 g Parmesan oder Pecorino (am Stück)
4 Eier (Größe M)
5–6 EL Mehl
250 g (Büffel-)Mozzarella

Zeitbedarf

• ca. 1 Stunde
• 30 Minuten backen

So geht's

1. Tomaten putzen und in einer Schüssel überbrühen, kurz ziehen lassen, kalt abschrecken, dann häuten (s. Seite 64/65). Tomaten klein würfeln. Die Kräuter abbrausen und trocken schütteln, die Blättchen von den Stielen zupfen und fein hacken. Zwiebel und Knoblauch schälen und klein würfeln. Die Chilischoten zerkrümeln.

2. In einem weiten Topf 1 EL Olivenöl erhitzen. Zwiebel, Knoblauch, Chili und Kräuter 1–2 Minuten darin andünsten. Tomaten unterrühren und offen bei mittlerer Hitze in etwa 15 Minuten sämig einkochen lassen, salzen und pfeffern.

3. Inzwischen die Zucchini waschen, putzen und längs in etwa 0,5 cm dicke Scheiben schneiden. Den Parmesan oder Pecorino fein reiben. Die Eier mit Salz und Pfeffer in einer tiefen Platte verquirlen, 2 gehäufte EL Parmesan unterrühren. Das Mehl mit Salz und Pfeffer auf einem Teller mischen.

4. In einer großen Pfanne nach und nach 100 ml Olivenöl erhitzen. Die Zucchinischeiben portionsweise erst im Mehl wenden (überschüssiges Mehl abklopfen), dann durch die Eimasse ziehen und in der Pfanne bei mittlerer Hitze pro Seite etwa 2 Minuten braten, bis sie schön gebräunt sind, auf Küchenpapier abfetten lassen.

5. Den Backofen auf 180 °C (Ober- und Unterhitze; Umluft 160 °C) vorheizen. Den Mozzarella in dünne Scheiben schneiden.

6. Zucchinischeiben und Tomatensauce Schicht für Schicht in eine Auflaufform füllen. Dabei auf der Sauce jeweils ein paar Mozzarellascheiben verteilen und mit etwas Parmesan oder Pecorino bestreuen. Mit Käse abschließen. Die Parmigiana im Ofen (Mitte) etwa 30 Minuten backen. Lauwarm mit knusprigem Weißbrot servieren.

GEFÜLLTE ZUCCHINI
aus dem Ofen

MILDES SOMMERGEMÜSE MIT WÜRZIGER FÜLLUNG – MIT EINER SCHÜSSEL BUNT GEMISCHTEM SALAT EIN HERRLICHES VOLLWERTIGES SOMMERESSEN.

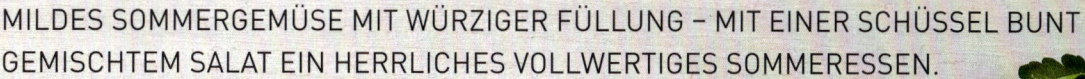

Zutaten für 4 Portionen

2 große Zucchini (ca. 1 kg)

3 EL Olivenöl

Salz

150 g altbackenes Weißbrot

2 Frühlingszwiebeln

100 g in Öl eingelegte, getrocknete Tomaten

50 g schwarze Oliven (ohne Stein)

1 EL Kapern (nach Belieben)

1 Stück Bio-Zitronenschale

½ Bund glatte Petersilie

200 g Feta (Schafskäse)

1 Knoblauchzehe

2 Eier (Größe M)

Salz, Pfeffer aus der Mühle

4 EL frisch geriebener Parmesan oder Pecorino

Zeitbedarf
• ca. 30 Minuten
• 45 Minuten backen

So geht's

1. Die Zucchini waschen und die Enden abschneiden. Die Zucchini der Länge nach halbieren, dann mit einem Löffel aushöhlen – dabei sollte eine etwa 1 cm dicke Wand stehen bleiben. Das Zucchinifruchtfleisch hacken und in einer feuerfesten Form mit 1 EL Olivenöl und 1 Prise Salz mischen. Die ausgehöhlten Zucchini salzen und stehen lassen, damit sie Saft ziehen.

2. Den Backofen auf 200 °C (Ober- und Unterhitze; Umluft 180 °C vorheizen. Das Brot in Würfel schneiden und in einer Schüssel mit lauwarmem Wasser bedecken. Etwa 10 Minuten stehen lassen.

3. Inzwischen die Wurzelenden und welken grünen Teile der Frühlingszwiebeln entfernen. Frühlingszwiebeln waschen und in feine Ringe schneiden. Getrocknete Tomaten, Oliven und nach Belieben Kapern mittelgrob hacken. Die Zitronenschale fein hacken. Die Petersilie abbrausen, trocken schütteln und die Blättchen in dünne Streifen schneiden. Den Feta fein zerkrümeln.

4. Für die Füllung das eingeweichte Brot ausdrücken, grob zerpflücken und mit Frühlingszwiebeln, gehackter Tomaten-Oliven-Mischung, Zitronenschale und Petersilie mischen. Knoblauch schalen und dazupressen. Feta und Eier locker unterrühren. Die Füllung mit Salz und Pfeffer abschmecken.

5. Die Zucchinihälften mit Küchenpapier gründlich trocken tupfen. Die Füllung in die Zucchinihälften verteilen. Gefüllte Zucchini auf das Zucchinifruchtfleisch in die Form setzen. Die Hälften mit je 1 EL Parmesan bestreuen, mit übrigem Olivenöl beträufeln und im Ofen (Mitte) etwa 45 Minuten backen, bis sie schön gebräunt sind.

SALAT AUS OFENTOMATEN
mit pochierten Eiern

EIN AROMATISCHER SOMMERSALAT ZUM SATTESSEN. REICHEN SIE DAZU
KNUSPRIGES CIABATTA, EVENTUELL MIT OLIVEN VERFEINERT.

Zutaten für 4 Portionen

1 kg größere Cocktailtomaten

je 4 Zweige Oregano und Thymian

2 Salbeiblättchen

Salz, Pfeffer aus der Mühle

4 EL Olivenöl

2 TL brauner Zucker

1 Bund Rucola

4 EL Weißweinessig

8 sehr frische Eier (Größe M)

1 EL Aceto balsamico

Zeitbedarf
- ca. 25 Minuten
- 30 Minuten backen

So geht's

1. Für den Salat den Backofen auf 200 °C (Ober- und Unterhitze; Umluft 180 °C) vorheizen. Die Tomaten waschen und halbieren. Mit den Schnittflächen nach oben nebeneinander in eine feuerfeste Form setzen. Die Kräuter waschen und trocken schütteln, die Blättchen von den Stielen lösen, fein hacken und auf den Tomaten verteilen. Die Tomaten mit Salz und Pfeffer würzen und mit Olivenöl beträufeln. Den Zucker darüberstreuen und die Tomaten im Ofen (Mitte) etwa 30 Minuten backen.

2. Inzwischen den Rucola verlesen, dabei dicke Stiele entfernen. Rucolablätter abbrausen, trocken schütteln und grob hacken.

3. Für die Eier 1 l Wasser zum Kochen bringen, den Essig unterrühren. Den Topf vom Herd ziehen oder den Herd auf schwache Hitze zurückschalten. Die Eier im Essigwasser pochieren [→a], dabei das Eiweiß mit 2 Esslöffeln um das Eigelb herum in Form bringen. Nach etwa 4 Minuten im heißen Wasser sind die Eier fertig. Die Eier mit einem Schaumlöffel herausheben, abtropfen lassen und auf vier Teller verteilen.

4. Die Ofentomaten mit Balsamico und eventuell noch mit etwas Salz oder Pfeffer abschmecken. Rucola neben den Eiern anrichten, Ofentomaten daraufsetzen und gleich servieren.

DAS STECKT DRIN | TOMATEN enthalten in großer Menge den sekundären Pflanzenstoff Lycopin. Er ist unter anderem für die rote Farbe der Tomate verantwortlich und hat einen positiven Einfluss auf unsere Gesundheit.

[a]

DAS IST
wirklich
WICHTIG

[a] EIER POCHIEREN Die Eier einzeln in einer Suppenkelle aufschlagen. Die Kelle dazu am besten in eine Tasse stellen, damit sie gerade steht. Die Eier dann mithilfe der Kelle nacheinander langsam und vorsichtig in das Essigwasser gleiten lassen.

DAS IST *wirklich* WICHTIG

[a] TOMATEN HÄUTEN Zuerst den Stielansatz mit allen grünen Stellen wie einen Keil aus der Tomate schneiden. Bedecken Sie die Tomaten dann in einer Schüssel mit kochend heißem Wasser und lassen Sie sie ziehen, bis sich die Haut an den Schnittkanten leicht aufbiegt. Jetzt nur noch in ein Sieb abgießen, kalt abschrecken und die Haut ablösen.

WENN SICH DIE HAUT LÖST, LÄSST SIE SICH LEICHT ABZIEHEN.

[a]

TOMATEN-SCHMORTOPF
mit weißen Bohnen

SOMMERLICHE GEMÜSEKÜCHE ZUM SATTESSEN – EIWEISSREICHE
HÜLSENFRÜCHTE MIT FEIN SÄUERLICHEN TOMATEN LASSEN UNS
VON ITALIEN TRÄUMEN.

Zutaten für 4 Portionen

200 g getrocknete weiße Bohnen

500 g Tomaten

2 rote Zwiebeln

6 Knoblauchzehen

4 Zweige Salbei

2 getrocknete Chilischoten

4 EL Olivenöl

1 EL Tomatenmark

Salz

1 Prise Zucker

4 große oder 8 kleine Scheiben
Weißbrot

besonderes Werkzeug
• Mörser

Zeitbedarf
• ca. 50 Minuten
• über Nacht einweichen
• 1–1½ Stunden kochen

So geht's

1. Die Bohnen in einer Schüssel mit Wasser bedecken und über Nacht einweichen. Am nächsten Tag in ein Sieb abgießen, in einem Topf mit frischem Wasser bedecken und aufkochen lassen. Die Bohnen zugedeckt bei schwacher Hitze in 1–1½ Stunden weich kochen.

2. Die Tomaten häuten [→a] und klein würfeln. Die Zwiebeln schälen, achteln und quer in feine Streifen schneiden. 3 Knoblauchzehen schälen und fein hacken. Den Salbei waschen und trocken schütteln, die Blättchen abzupfen und in Streifen schneiden. Die Chilischoten im Mörser fein zerstoßen.

3. In einem Topf 2 EL Olivenöl erhitzen und Zwiebeln, Knoblauch, Chilis und Salbei darin bei mittlerer Hitze unter Rühren etwa 1 Minute andünsten. Die Tomaten dazugeben und kurz mitdünsten. Das Tomatenmark einrühren. Die Bohnen in ein Sieb abgießen und ebenfalls unter die Tomaten mischen, alles mit Salz und Zucker würzen und zugedeckt etwa 30 Minuten bei schwacher Hitze schmoren lassen.

4. Inzwischen den Backofen auf 250 °C (Ober- und Unterhitze; Umluft 220 °C) vorheizen. Den übrigen Knoblauch schälen, durch eine Presse drücken und mit dem restlichen Olivenöl verrühren und leicht salzen. Die Brotscheiben auf einem Backofenrost im Ofen (Mitte) etwa 3 Minuten rösten. Das Knoblauchöl darauf verstreichen und die Brote für 1 weitere Minute in den Ofen schieben.

5. Das Bohnengemüse abschmecken und mit den heißen, knusprigen Knoblauchbroten servieren.

DAS KÜCHENGEHEIMNIS | HÜLSENFRÜCHTE enthalten für den Körper unverträgliche und blähende Substanzen, die in das Einweichwasser übergehen. Darum eingeweichte Hülsenfrüchte immer mit frischem Wasser kochen.

AUBERGINEN-BOLOGNESE
mit Spaghetti

DIESE SAUCE WIRD SO WUNDERBAR SAFTIG UND AROMATISCH,
DASS NIEMAND DAS FLEISCH IM SUGO VERMISSEN WIRD!

Zutaten für 4 Portionen

1–2 Auberginen (ca. 500 g)

1 rote Zwiebel

3 Knoblauchzehen

je 1 Zweig Rosmarin und Salbei

1–2 getrocknete Chilischoten

Salz

400 g (Vollkorn-)Spaghetti

4 EL Olivenöl

1 EL Tomatenmark

200 ml trockener Rotwein oder
Gemüsebrühe

1 große Tomate (ca. 150 g)

Zeitbedarf
• ca. 35 Minuten

So geht's

1. Die Auberginen waschen und die Enden abschneiden. Die Auberginen erst quer in dünne Scheiben, dann in feine Streifen und zum
Schluss in kleine Würfel schneiden. Die Zwiebel und den Knoblauch schälen und fein hacken. Die Kräuterzweige abbrausen und
trocken schütteln, die Blättchen von den Stielen zupfen und fein
hacken. Die Chilischote(n) fein zerkrümeln.

2. In einem großen Topf reichlich Salzwasser zum Kochen bringen
und die Nudeln darin nach Packungsangabe al dente kochen.

3. Schon während das Nudelwasser heiß wird, das Olivenöl in einem
weiten Topf erhitzen. Die Auberginenwürfel in den Topf geben und
bei starker bis mittlerer Hitze unter Rühren 3–4 Minuten anbraten.
Zwiebel, Knoblauch und Kräuter mit den Chilikrümeln dazugeben
und alles weitere 2–3 Minuten unter Rühren braten.

4. Das Tomatenmark unterrühren und kurz mitbraten. Alles mit dem
Wein ablöschen, salzen und bei schwacher Hitze offen weiter-
köcheln lassen, bis die Nudeln fast fertig sind. Falls die Flüssigkeit
dabei zu sehr einkocht, löffelweise Nudelwasser dazugeben.

5. Inzwischen die Tomate waschen, putzen und nach Belieben häuten
(s. Seite 64/65). Die Tomate in kleine Würfel schneiden und unter
die Bolognese mischen. Nur kurz erwärmen. Die Nudeln abgießen,
unter das Auberginenragout heben und gleich in vorgewärmten
Tellern servieren.

Nach Belieben jede Portion mit frisch geriebenem Parmesan oder
Pecorino bestreuen.

RUCOLA-TOMATEN-PASTE
mit Pasta und frischen Tomaten

DIE WÜRZIGE PASTE SCHMECKT AUCH ALS KLEINER SNACK AUF GERÖSTETEN BROTSCHEIBEN ODER ALS DIP ZU GEBRATENEM TOFU.

Zutaten für 4 Portionen

Salz

400 g (Vollkorn-)Linguine oder Penne

600 g Tomaten

je 2 Zweige Rosmarin, Thymian und Oregano

2 Salbeiblättchen

2 Knoblauchzehen

4 EL Olivenöl

1 großes Bund Rucola

6 in Öl eingelegte, getrocknete Tomaten

Salz, Pfeffer aus der Mühle

besonderes Werkzeug
• Pürierstab

Zeitbedarf
• ca. 25 Minuten

So geht's

1. Für die Nudeln in einem großen Topf reichlich Wasser zum Kochen bringen und salzen. Die Nudeln darin nach Packungsangabe al dente kochen.

2. Schon während das Wasser heiß wird, die Tomaten waschen, putzen, nach Belieben häuten (s. Seite 64/65) und in sehr kleine Würfel schneiden. Die Kräuterzweige abbrausen und trocken schütteln, die Blättchen von den Stielen zupfen und mit dem Salbei fein hacken. Den Knoblauch schälen und klein würfeln.

3. In einem Topf 1 EL Öl erhitzen und darin Kräuter und Knoblauch unter Rühren kurz andünsten. Die Tomatenwürfel dazugeben und bei schwacher Hitze offen in 2–3 Minuten erwärmen, dabei immer wieder umrühren, dann salzen und pfeffern.

4. Den Rucola verlesen, dabei dicke Stiele entfernen. Rucolablätter abbrausen, trocken schütteln und grob hacken. Die getrockneten Tomaten abtropfen lassen und würfeln. Beides in einen hohen Rührbecher geben und mit dem restlichen Olivenöl fein pürieren. Rucola-Tomaten-Paste mit Salz und Pfeffer abschmecken.

5. Gegarte Nudeln in ein Sieb abgießen, kurz abtropfen lassen und zu den Tomaten in den Topf füllen. Rucola-Tomaten-Paste dazugeben, alles gut vermischen und auf Pastatellern verteilen.

Nach Belieben jede Portion mit frisch geriebenem Parmesan oder Pecorino bestreuen.

GESCHMORTE AUBERGINEN
orientalisch mit Couscous

DIESES REZEPT DUFTET UND SCHMECKT NACH TAUSEND-UND-EINER-NACHT!
VEGANER LOCKERN DEN COUSCOUS MIT ÖL AUF UND NEHMEN SOJAJOGHURT.

Zutaten für 4 Portionen

3–4 Auberginen (ca. 800 g)

200 g Zwiebeln

4 Knoblauchzehen

2 Tomaten

4 EL Olivenöl

1 EL Tomatenmark

1 TL Harissa
(scharfe Paprikapaste)

2 TL edelsüßes Paprikapulver

1 TL Zimtpulver

1 EL Ras el-Hanout
(marokk. Gewürzmischung)

300 ml Gemüsebrühe, Salz

300 g (Instant-)Couscous

1 Bund Koriandergrün

250 g Joghurt, 1 EL Butter

Zeitbedarf
• ca. 1 Stunde

So geht's

1. Die Auberginen waschen, putzen und in etwa 1 cm große Würfel schneiden. Zwiebeln und Knoblauch schälen und fein würfeln. Die Tomaten häuten (s. Seite 64/65) und ebenfalls klein würfeln.

2. Das Olivenöl in einem weiten Topf erhitzen. Die Auberginen darin unter Rühren bei starker bis mittlerer Hitze 3–4 Minuten anbraten. Zwiebeln und Knoblauch dazugeben und kurz mitbraten. Tomatenmark, Harissa und alle Gewürze einrühren, kurz anrösten, dann die Brühe angießen und die Tomaten untermischen. Alles mit Salz würzen und zugedeckt bei schwacher Hitze etwa 20 Minuten schmoren lassen.

3. Inzwischen in einem Topf 400 ml Wasser aufkochen, den Couscous einrühren. Die Herdplatte ausschalten und den Couscous quellen lassen. Den Koriander waschen und trocken schütteln, die Blättchen fein hacken. Den Joghurt mit einem Schneebesen cremig schlagen und mit Salz würzen. Den fertigen Couscous mit einer Gabel auflockern, dabei die Butter in kleinen Würfeln unterziehen.

4. Die geschmorten Auberginen abschmecken und mit dem Couscous auf Tellern verteilen. Mit Koriander bestreuen und den Joghurt dazu reichen.

DAS IST *wirklich* WICHTIG

[a] TEIG AUSZIEHEN Lässt sich der Teig nicht weiter ausrollen, fahren Sie mit den Handrücken unter den Teig und ziehen ihn vorsichtig über die Handrücken von der Mitte nach außen, bis er so dünn ist, dass das Muster des Küchentuchs durchscheint. Zum Schluss auch die Ränder mit den Fingern dünn ausziehen.

[b] STRUDEL AUFROLLEN Die freien, kürzeren Seiten nach innen über die Füllung klappen. Heben Sie das Tuch an einer Längsseite leicht an. Der Teig beginnt sich nun alleine aufzurollen. Nun das Tuch nach und nach anheben, bis sich der Teig zu einer Rolle geformt hat.

[b]

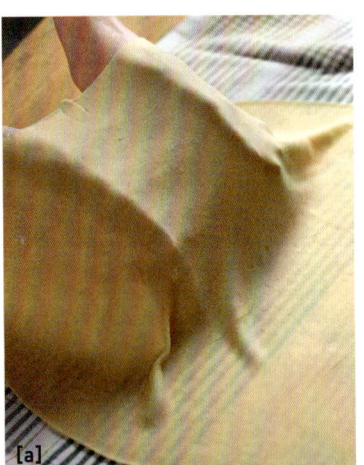

[a]

MANGOLDSTRUDEL
mit Schnittlauchcreme

GEMÜSESTRUDEL IST EINE VITAMINREICHE DELIKATESSE, DIE AUCH MIT SPINAT
UND IM WINTER MIT GRÜNKOHL GANZ AUSGEZEICHNET SCHMECKT.

Zutaten für 2 Strudel
(4 – 6 Portionen)

1,2 kg Blattmangold

250 g Mehl

Salz

2 EL neutrales Öl

1 Ei (Größe M)

1 Bund Frühlingszwiebeln

2 Knoblauchzehen

Pfeffer aus der Mühle

250 g (Ziegen-)Camembert

50 g zerlassene Butter

1 großes Bund Schnittlauch

400 g saure Sahne

2 TL scharfer Senf

1 TL Zitronensaft

1 TL neutrales Öl

Zeitbedarf
• ca. 1 Stunde
• 40 Minuten backen

So geht's

1. Den Mangold waschen und putzen. Reichlich Salzwasser aufkochen. Währenddessen für den Strudelteig Mehl und 1 Prise Salz in einer Schüssel mischen. Öl, Ei und zunächst 80 ml lauwarmes Wasser dazugeben, kräftig kneten, bis der Teig nicht mehr an den Fingern klebt und seidig glänzt. Falls nötig, noch etwas Wasser zugeben.

2. Den Teig zu einer Kugel formen, in Butterbrotpapier wickeln und 30 Minuten warm ruhen lassen. Dafür den Mangold für etwa 2 Minuten im sprudelnd kochenden Wasser zusammenfallen lassen, in ein Sieb abgießen. Jetzt den eingepackten Strudelteig in den noch warmen Topf legen und zudecken.

3. Den Mangold ausdrücken und grob hacken. Die Frühlingszwiebeln waschen, putzen und in feine Ringe schneiden. Den Knoblauch schälen und fein hacken. Alles mischen, salzen und pfeffern. Den Käse in Scheiben schneiden.

4. Den Teig halbieren, eine Hälfte zurück in den Topf legen, die andere auf einem bemehlten Küchentuch zu einem Rechteck ausrollen (s. Seite 86/87), dann ausziehen [→a].

5. Den Teig mit etwas flüssiger Butter bestreichen und mit der Hälfte der Mangoldmischung belegen. Dabei an den beiden kürzeren Seiten einen 3 – 4 cm breiten Rand frei lassen. Die Hälfte der Käsescheiben darauf verteilen und alles zu einem Strudel aufrollen [→b]. Den Strudel auf ein mit Backpapier belegtes Blech gleiten lassen.

6. Den Backofen auf 180 °C (Ober- und Unterhitze; Umluft 160 °C) vorheizen. Mit den restlichen Zutaten einen weiteren Strudel herstellen. Die Strudel mit der restlichen flüssigen Butter bestreichen und im Ofen (Mitte) etwa 45 Minuten backen, bis sie schön gebräunt sind.

7. Inzwischen für die Schnittlauchcreme den Schnittlauch waschen, trocken schütteln und in feine Röllchen schneiden. Saure Sahne mit Senf, Zitronensaft und Öl verrühren, salzen, pfeffern und den Schnittlauch untermischen. Zum aufgeschnittenen Strudel servieren.

SOMMERGEMÜSE
für den Vorrat

HOLEN SIE SICH DEN SOMMER INS GLAS! ES LOHNT SICH, TOMATEN, ZUC-
CHINI UND CO. IN ESSIG ODER ÖL HALTBAR ZU MACHEN. FALLS DAFÜR
NICHTS IN DER KISTE ÜBRIG GEBLIEBEN IST, SCHNELL NACHBESTELLEN.

SENFGURKEN

**Für 2 Gläser (à ca. 400 ml): 1 Salatgurke, ¼ l heller
milder Essig (z.B. Apfelessig), 75 g Zucker, Salz,
1 Bund Dill, 2 EL gelbe Senfsamen, 2 TL Koriandersamen, 2 Lorbeerblätter**

So geht's: Die Gurke schälen, putzen, längs
halbieren und die Kerne mit einem Teelöffel
herausschaben. Gurkenhälften quer in etwa
0,5 cm dicke Scheiben schneiden. Essig mit
¼ l Wasser, Zucker und 2 TL Salz zum Kochen
bringen. Gurken dazugeben und einmal aufkochen lassen. Topf vom Herd nehmen, abdecken und Gurken 24 Stunden ziehen lassen.
Dill abbrausen und trocken schütteln, Spitzen
von den Stielen zupfen. Gurken mit einem
Schaumlöffel aus dem Sud heben und mit Dill,
Senfsamen, Koriander und Lorbeer auf die
Gläser verteilen. Sud noch einmal aufkochen,
dann lauwarm abgekühlt in die Gläser gießen,
bis die Gurken vollständig bedeckt sind. Gläser
verschließen. Senfgurken mindestens 1 Woche
durchziehen lassen.

Haltbarkeit: Kühl gelagert etwa 1 Jahr.

TOMATEN IN CHILIÖL

**Für 1 Glas (ca. 400 ml): 250 g Cocktailtomaten,
1–2 rote Chilischoten, 2 Knoblauchzehen, 4 Stängel Basilikum, 75 ml Weinessig, 1 EL Zucker,
1 TL Fenchelsamen, Salz, ca. 100 ml Olivenöl**

So geht's: Die Tomaten häuten (s. Seite 64/65)
und in eine Schüssel geben. Die Chilischote(n)
waschen, Stiel(e) entfernen. Chili(s) samt
Kernen in feine Ringe schneiden. Knoblauch
schälen und in dünne Scheiben schneiden.
Basilikum waschen und trocken schütteln, die
Blättchen abzupfen. Die Stiele mit Chili und
Knoblauch zu den Tomaten geben. Essig mit
¼ l Wasser, Zucker, Fenchel und 1 TL Salz
aufkochen und etwa 10 Minuten köcheln
lassen. Tomaten mit dem heißen Sud begießen
und etwa 2 Stunden ziehen lassen, dann mit
einem Schaumlöffel herausheben und mit den
Basilikumblättchen in das Glas füllen. So viel
Öl angießen, bis die Tomaten ganz davon bedeckt sind. Das Glas verschließen. Tomaten
mindestens 1 Tag durchziehen lassen.

Haltbarkeit: Kühl gelagert etwa 2 Monate.

FRITTIERTE ZUCCHINI IN ÖL

Für 2 Gläser (à ca. 400 ml): 400 g Zucchini, ½ l Olivenöl, 1 TL Pfefferkörner, Saft von 1 Zitrone, Salz, 8 Blättchen Salbei, 2 Knoblauchzehen, 2 TL Kapern (Glas)

So geht's: Die Zucchini waschen, putzen und in etwa 1 cm dicke Scheiben schneiden. Mit Küchenpapier trocken tupfen. Das Öl in einem weiten Topf erhitzen (s. Seite 56/57). Die Zucchini darin portionsweise in etwa 3 Minuten frittieren, mit dem Schaumlöffel herausheben, auf Küchenpapier abfetten lassen, dann in eine Schüssel füllen. Die Pfefferkörner in einem Mörser grob zerstoßen und mit Zitronensaft und 1 TL Salz mischen. Die Marinade über die Zucchini gießen und etwa 4 Stunden ziehen lassen. Anschließend Salbeiblättchen waschen und trocken tupfen. Knoblauch schälen und in feine Scheiben schneiden. Zucchini mit Salbei, Knoblauch und Kapern in die sauberen Gläser schichten. Frittieröl noch einmal leicht erwärmen, salzen und über die Zucchini gießen, bis sie damit bedeckt sind. Gläser verschließen. Zucchini mindestens 2 Tage durchziehen lassen.

Haltbarkeit: Kühl gelagert etwa 2 Monate.

GEMÜSEPASTE

Für 2 Gläser (à ca. 300 ml): 1 kleine rote Paprikaschote, 1 kleinere Aubergine (ca. 200 g), 200 g Tomaten, 2 Zwiebeln, 2 Knoblauchzehen, je 1 Zweig Salbei und Rosmarin, je 4 Zweige Thymian und Oregano, 2 EL Olivenöl, Salz, Pfeffer aus der Mühle

So geht's: Paprika und Aubergine waschen, putzen und klein würfeln. Die Tomaten häuten (s. Seite 64/65) und in kleine Würfel schneiden. Zwiebeln und Knoblauch schälen und fein würfeln. Die Kräuter abbrausen und trocken schütteln, die Blättchen abzupfen und fein hacken. Paprika- und Auberginenwürfel im heißen Öl unter Rühren bei starker Hitze 2–3 Minuten anbraten. Zwiebel, Knoblauch und Kräuter dazugeben und 1–2 Minuten mitbraten. Tomaten untermischen und alles offen bei schwacher bis mittlerer Hitze etwa 40 Minuten garen, bis alle Garflüssigkeit verdampft ist. Dabei häufig umrühren. Gemüse mit dem Pürierstab fein zerkleinern, mit Salz und Pfeffer abschmecken, in die Gläser füllen und verschließen. Warm oder abgekühlt schmeckt die Paste auf geröstetem Brot, zu gegrilltem Käse oder zu Ofenkartoffeln.

Haltbarkeit: Kühl gelagert etwa 1 Monat.

HERBST
satte Abwechslung

LEUCHTENDE KÜRBISSE, SAMTIGE MARONEN,
DEFTIGER KOHL UND AROMATISCHE RÜBEN:
KRÄFTIGE GEMÜSESORTEN BRINGEN JETZT
NOCH EINMAL GANZ VIEL ABWECHSLUNG IN
UNSEREN SPEISEPLAN!

HERBSTGEMÜSE Scannen Sie den QR-Code ein und
finden Sie nützliche Zusatzinfos und eine Rezeptliste zu
den regionalen Gemüsesorten des Herbstes im Überblick.
Oder auch unter www.m.kosmos.de/13399/tb4.

TOPINAMBUR-CARPACCIO
mit Orangensauce

WEGEN IHRES LEICHTEN ARTISCHOCKENAROMAS WIRD DIE KNOLLE AUCH ERDARTISCHOCKE GENANNT. SIE IST KALORIENARM, DAFÜR ABER REICH AN BALLASTSTOFFEN, EISEN UND KALIUM.

Zutaten für 4 Portionen

1 EL Zitronensaft

2 EL Olivenöl

Salz

400 g Topinambur

3 EL Haselnusskerne

2 (Blut-)Orangen

1 EL Haselnussöl

1 TL Honig

½ TL Chiliflocken

1 Kästchen Gartenkresse

Zeitbedarf
• ca. 30 Minuten

So geht's

1. Den Zitronensaft mit Olivenöl in einer Schüssel gut verrühren, mit Salz würzen. Zarte Topinamburen unter fließendem Wasser abbürsten, größere Knollen mit einem Sparschäler schälen, die Schale in Vertiefungen mit einem Gemüsemesser entfernen. Topinambur in die Schüssel hobeln und gründlich mit der Sauce mischen, marinieren lassen.

2. Inzwischen die Haselnusskerne in einer Pfanne ohne Fett bei mittlerer Hitze unter Rühren 1–2 Minuten rösten, bis die Schale anfängt sich zu lösen. Die Nusskerne in ein großes Stück Küchenpapier geben und im Papier aneinander reiben und so die braune Haut so gut wie möglich entfernen. Die Nüsse mittelfein hacken.

3. Die Schale der Orangen so abschneiden, dass auch die weiße Haut mit entfernt wird (s. Seite 108/109). Die Orangen in kleine Würfel schneiden, dabei die Kerne entfernen und den auslaufenden Saft auffangen. Orangensaft und -würfel, Öl und Honig verrühren, Nüsse dazugeben und die Sauce mit Chiliflocken und Salz würzen.

4. Die marinierten Topinamburscheiben dachziegelartig auf vier Tellern auslegen. Die Kresse vom Beet schneiden, aufstreuen und das Carpaccio zum Schluss mit Orangensauce beträufeln.

DIE VARIANTE | GELBE-BETE-CARPACCIO MIT BLAUSCHIMMELKÄSE
400 g Gelbe Beten, 2 Stängel Minze, 1 TL mittelgrobes Salz, 1 EL Zitronensaft, 4 EL Olivenöl, Pfeffer aus der Mühle, 100 g Blauschimmelkäse, 1 Handvoll Walnusskerne Die Gelben Beten schälen und mit einem Hobel in feine Scheiben hobeln. Die Minzeblättchen fein schneiden, mit Salz, Zitronensaft und 2 EL Olivenöl verrühren und mit den Gelben Beten mischen. Etwa 1 Stunde marinieren lassen. Gelbe-Bete-Scheiben dachziegelartig auf vier Tellern auslegen, mit dem restlichen Öl beträufeln und mit Pfeffer übermahlen. Den Käse klein würfeln, Walnüsse in Stücke brechen. Beides über das Carpaccio streuen.

DAS IST *wirklich* WICHTIG

[a] ROLLEN FORMEN SCHRITT 1
Legen Sie ein Blatt, mit einer Ecke zu Ihnen zeigend, vor sich auf die Arbeitsfläche. Verteilen Sie nun im unteren Drittel der Länge nach etwas Füllung darauf, dabei rundherum einen Rand frei lassen. Dann die Ecke, die zu Ihnen zeigt, über die Füllung legen.

[b] ROLLEN FORMEN SCHRITT 2
Schlagen Sie die beiden seitlichen Ecken nach innen und über die Füllung, sodass sie sich überlappen. Zum Schluss das Teigblatt von unten her aufrollen.

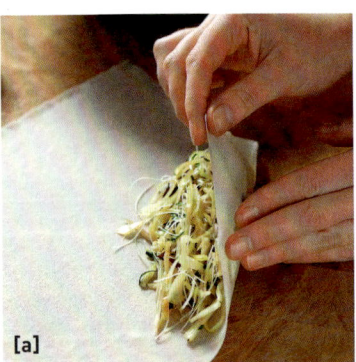

[a]

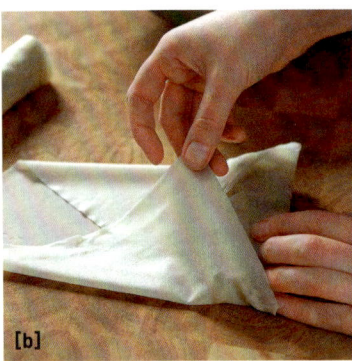

[b]

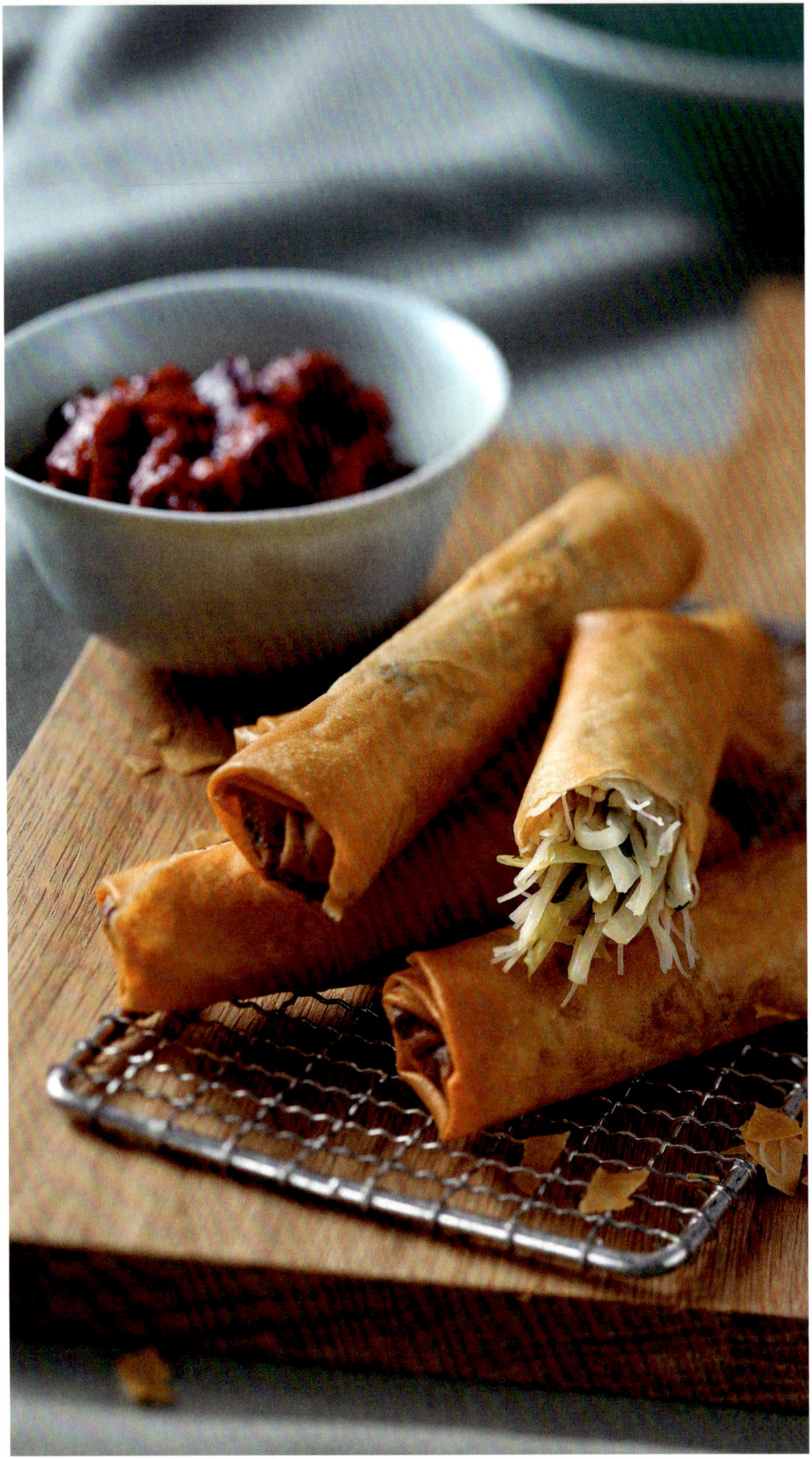

KOHL-FRÜHLINGSROLLEN
mit Zwetschgen-Ingwer-Salsa

EINE KNUSPRIG-FEINE VORSPEISE, DIE AUSSER EINER GANZEN MENGE
GENUSS EINE EXTRAPORTION VITAMIN C LIEFERT.

Zutaten für 4 Portionen

400 g Zwetschgen

2 Knoblauchzehen

1 Stück Ingwer (ca. 5 cm)

1 kleine rote Chilischote

1 EL brauner Zucker

2 EL Reiswein (nach Belieben)

3 EL Sojasauce

4 getrocknete Mu-Err-Pilze (Asia-Laden)

50 g fadendünne Glasnudeln

ca. 20 TK-Frühlingsrollenblätter (20 x 20 cm)

400 g Weiß- oder Spitzkohl

Salz

¼ Bund Koriandergrün (ersatzweise 1 Bund Schnittlauch)

2 TL Sesamöl

1 l Öl zum Frittieren

Zeitbedarf
• ca. 1¼ Stunden

So geht's

1. Für die Salsa die Zwetschgen waschen, entsteinen und klein würfeln. Knoblauch und Ingwer schälen und mit der geputzten Chilischote fein hacken.

2. Den Zucker in einem Topf bei mittlerer Hitze schmelzen lassen, die Chilimischung kurz darin anbraten, dann die Zwetschgen dazugeben. Nach Belieben mit dem Reiswein ablöschen. Die Zwetschgen zugedeckt bei schwacher Hitze in etwa 10 Minuten musig einkochen, dabei ab und zu umrühren. Salsa mit 2 EL Sojasauce abschmecken und abkühlen lassen.

3. Gleichzeitig für die Frühlingsrollen die Mu-Err-Pilze etwa 30 Minuten in lauwarmem Wasser einweichen. Die Glasnudeln in einer Schüssel mit heißem Wasser bedecken und etwa 10 Minuten quellen lassen. Die Teigblätter vorsichtig auseinander lösen und auf der Arbeitsplatte mit einem feuchten Küchentuch abdecken.

4. Den Weiß- oder Spitzkohl waschen, putzen, in feine Streifen schneiden oder hobeln und mit 1 TL Salz in einer Schüssel mischen und kräftig durchkneten, bis die Streifen mürbe und glasig werden.

5. Den Koriander waschen, trocken schütteln und ohne die groben Stiele fein schneiden. Glasnudeln und Pilze abgießen und abtropfen lassen. Nudeln mit einer Küchenschere kleiner schneiden. Von den Pilzen die harten Stiele entfernen und die Pilze in feine Streifen schneiden. Die Zutaten mit dem Kohl, der übrigen Sojasauce und dem Sesamöl gründlich mischen, abschmecken.

6. Nach und nach die Frühlingsrollen formen [→a + b]. Das Öl in einem Wok oder weiten Topf erhitzen (s. Seite 56/57) und die Frühlingsrollen darin portionsweise in 3–4 Minuten knusprig frittieren. Mit dem Schaumlöffel herausheben und auf einer doppelten Lage Küchenpapier abfetten lassen. Frühlingsrollen mit der Zwetschgen-Ingwer-Salsa zum Eintunken servieren.

SELLERIE-APFEL-SALAT
mit Walnüssen

KURZ GEGART ENTFALTET KNOLLENSELLERIE SEIN AROMA NOCH BESSER ALS ROH. WERTVOLLE VITAMINE BLEIBEN DABEI ERHALTEN UND WERDEN ZUSÄTZLICH DURCH REICHLICH VITAMIN C AUS DEN ÄPFELN ERGÄNZT.

Zutaten für 4 Portionen

1 Stück Knollensellerie (ca. 500 g)

Salz

2 säuerliche Äpfel

2 EL Zitronensaft

50 g Walnusskerne

1–2 Kästchen Gartenkresse

100 g saure Sahne

1 TL süßer Senf

Pfeffer aus der Mühle

1 Prise frisch geriebene Muskatnuss

2 EL neutrales Öl

Zeitbedarf
• ca. 45 Minuten

So geht's

1. Den Sellerie schälen, dann zuerst in dünne Scheiben und diese anschließend in etwa 0,5 cm breite Streifen schneiden. Einen Topf 1 cm hoch mit Wasser füllen. Das Wasser aufkochen, salzen und die Selleriestreifen darin zugedeckt bei mittlerer Hitze etwa 2 Minuten kochen. In ein Sieb abgießen und abtropfen lassen.

2. Die Äpfel schälen, putzen und ebenfalls in etwa 0,5 cm breite Streifen schneiden. Mit 1 EL Zitronensaft mischen. Die Walnusskerne in kleine Stücke brechen und in einer Pfanne ohne Fett bei mittlerer Hitze etwa 1 Minute rösten. Auf einem Teller beiseitestellen. Die Kresse vom Beet schneiden.

3. Für ein Dressing in einer großen Schüssel saure Sahne, Senf und übrigen Zitronensaft verrühren, mit Salz, Pfeffer und Muskat würzen. Das Öl zu einer cremigen Sauce unterschlagen. Sellerie und Äpfel mit den Walnüssen untermischen. Den Salat abschmecken und mit der Kresse bestreuen und servieren.

Dazu passen frisch gebratene Kartoffeln.

DIE VARIANTE | SELLERIE-KÜRBISKERN-SALAT
1 Stück Knollensellerie (ca. 500 g), 1 Birne, 3 EL Zitronensaft, 4 EL Kürbiskerne, 1 TL Birnendicksaft, Salz, Pfeffer aus der Mühle, 1 EL neutrales Öl, 3 EL Kürbiskernöl Sellerie wie oben beschrieben schneiden und vorgaren, beim Abtropfen die Garflüssigkeit auffangen. Die Birne fein würfeln und mit 1 EL Zitronensaft mischen. Die Kürbiskerne in einer Pfanne ohne Fett bei mittlerer Hitze etwa 1 Minute rösten. Für ein Dressing in einer Schüssel restlichen Zitronensaft, Birnendicksaft, Salz, Pfeffer und 2 EL Selleriekochwasser verrühren. Die beiden Ölsorten nach und nach unterschlagen. Sellerie und Birne untermischen und mit den Kürbiskernen bestreut servieren.

GERSTENSUPPE
mit Rosenkohl und Topinambur

WUNDERBAR SÄMIG WIRD DIESE AROMATISCHE SUPPE UND WÄRMT UNS
AN DEN ERSTEN KALTEN TAGEN VON INNEN HERRLICH AUF.

Zutaten für 4 Portionen

1 Zwiebel

2 EL Butter

1 TL Kümmelsamen
(nach Belieben)

100 g Graupen (Rollgerste)

ca. 1¼ l Gemüsebrühe

250 g Rosenkohl

250 g Topinambur

50 g Walnusskerne

100 g Sahne

Salz, Pfeffer aus der Mühle

1 Prise frisch geriebene
Muskatnuss

1 Kästchen Gartenkresse

Zeitbedarf
• ca. 50 Minuten

So geht's

1. Die Zwiebel schälen und fein würfeln. In einem Suppentopf
   1½ EL Butter zerlassen. Die Zwiebel und nach Belieben den
   Kümmel darin unter Rühren etwa 1 Minute andünsten. Die Gerste
   ungewaschen dazugeben und ebenfalls kurz mitdünsten. Die
   Brühe angießen und zum Kochen bringen. Die Gerste zugedeckt
   bei schwacher Hitze etwa 30 Minuten garen. Falls nötig, noch
   etwas Brühe nachgießen.

2. Inzwischen von den Rosenkohl-Röschen alle welken Blätter entfernen und die Strünke zurückschneiden. Den Rosenkohl waschen
   und je nach Größe vierteln oder achteln. Die Topinambur schälen
   und würfeln. Das Gemüse in den Suppentopf geben, unter die
   Gerste rühren, aufkochen lassen und bei schwacher bis mittlerer
   Hitze etwa weitere 15 Minuten garen, bis das Gemüse bissfest ist.

3. In der Zwischenzeit die Walnusskerne in Stücke brechen. Die restliche Butter in einem Pfännchen zerlassen, die Nüsse darin unter
   Rühren bei mittlerer Hitze etwa 1 Minute rösten.

4. Wenn das Gemüse und die Graupen gar sind, die Sahne und bei
   Bedarf noch etwas Brühe in den Topf rühren und die Suppe mit
   Salz, Pfeffer und Muskat abschmecken. Die Kresse vom Beet
   schneiden und mit den Nüssen auf die Suppe streuen.

FÜR VEGANER | PFLANZLICHE ERSATZPRODUKTE **Kaltgepresstes
Olivenöl eignet sich zum Dünsten genauso gut wie Butter. Die Sahne kann
bei diesem Rezept auch einfach weggelassen werden. Wer nicht darauf
verzichten möchte, ersetzt sie z. B. durch Sojasahne.**

KÜRBISSUPPE

mit Käse-Croûtons

EINE HERBSTLICH-FARBENFROHE SUPPE, DIE EINE KLEINE MAHLZEIT
ERSETZT ODER VOR EINEM ETWAS ÜPPIGEREN DESSERT SCHMECKT.

Zutaten für 4 Portionen

1 Stück Kürbis (ca. 900 g)

1 kleine mehligkochende Kartoffel

1 Zwiebel

2 Knoblauchzehen

1 TL Wacholderbeeren

3 EL Butter

1 l Gemüsebrühe

1 Bund Schnittlauch

4 Scheiben Toastbrot

100 ml Milch

50 g frisch geriebener Hartkäse
(Bergkäse oder Pecorino)

1 EL Zitronensaft

Salz, Pfeffer aus der Mühle

4 EL Kürbiskernöl

besonderes Werkzeug
• Pürierstab

Zeitbedarf
• ca. 30 Minuten

So geht's

1. Mit einem stabilen Löffel die Kerne mitsamt dem faserigen Fruchtfleisch aus dem Kürbisstück schaben. Den Kürbis in Stücke teilen,
bei Bedarf schälen und etwa 1 cm groß würfeln. Die Kartoffel
schälen, waschen und ebenfalls klein würfeln. Die Zwiebel und
den Knoblauch schälen und mit den Wacholderbeeren fein hacken.

2. In einem Suppentopf 1 EL Butter zerlassen, darin die Kürbis- und
Kartoffelwürfel mit der gehackten Zwiebelmischung bei mittlerer
Hitze unter Rühren 2–3 Minuten andünsten. Die Brühe angießen
und zum Kochen bringen. Den Suppentopf abdecken und den Kürbis
bei mittlerer Hitze in etwa 15 Minuten weich kochen.

3. Inzwischen den Schnittlauch waschen und in Röllchen schneiden.
Das Toastbrot entrinden, würfeln und mit der Milch und dem Käse
in einer Schüssel vermengen. Etwa 5 Minuten ziehen lassen.

4. Den gegarten Kürbis im Topf fein pürieren und mit Zitronensaft,
Salz und Pfeffer abschmecken. Die Suppe zugedeckt warm halten.

5. Die übrige Butter in einer beschichteten Pfanne erhitzen. Die Brotwürfel darin bei starker Hitze unter Rühren 2–3 Minuten braten,
bis sie knusprig sind. Der Käse schmilzt zunächst und wird dann
erst braun.

6. Kürbissuppe auf Tellern verteilen und die Käse-Croûtons darauf
anrichten. Mit dem Kürbiskernöl beträufeln, mit den Schnittlauch-
röllchen bestreuen und servieren.

GERÖSTETE ROTE BETEN
mit Feldsalat-Gremolata

DIE WÜRZIGEN ROTEN BETEN SIND SEHR GESUND: NEBEN EIWEISS UND BALLASTSTOFFEN LIEFERN SIE EINE GANZE MENGE MINERALSTOFFE WIE EISEN UND REICHLICH VITAMIN A, C, FOLSÄURE UND NIACIN.

Zutaten für 4 Portionen

2 Rote Beten (ca. 400 g)

2 EL Olivenöl

Salz, Pfeffer aus der Mühle

100 g Doppelrahmfrischkäse

100 g Joghurt

100 g Feta (Schafskäse)

1 Prise rosenscharfes Paprikapulver

1 Sesam-Fladenbrot

50 g Feldsalat

½ Bio-Zitrone

1 milde rote oder weiße Zwiebel

2 EL Kürbiskernöl

Zeitbedarf
• ca. 40 Minuten

So geht's

1. Die Roten Beten am besten mit Einweghandschuhen schälen und in etwa 0,5 cm dicke Scheiben schneiden. Die Scheiben in ebenso breite Stifte schneiden. Das Olivenöl in einer großen Pfanne erhitzen, die Roten Beten darin bei mittlerer Hitze in etwa 12 Minuten bissfest und leicht braun braten. Dabei immer wieder durchrühren und mit Salz und Pfeffer würzen.

2. Inzwischen den Backofen auf 250 °C (Ober- und Unterhitze; Umluft 220 °C) vorheizen. Den Frischkäse mit dem Joghurt verrühren, den Schafskäse fein darüberkrümeln und untermischen. Die Frischkäsecreme mit Salz und Paprikapulver abschmecken.

3. Das Fladenbrot auf einem Backofenrost im Ofen (Mitte) in etwa 5 Minuten aufbacken, herausnehmen und abkühlen lassen.

4. Für die Gremolata den Feldsalat verlesen und gründlich waschen. Die Enden mit einem kleinen Messer abknipsen, den Salat fein hacken. Die Zitronenhälfte waschen und abtrocknen, die Schale fein abreiben, 2 TL Saft auspressen. Die Zwiebel schälen und sehr fein hacken. Alle Zutaten verrühren und mit Salz und Pfeffer abschmecken.

5. Das Fladenbrot vierteln. Die Viertel jeweils quer aufschneiden und alle Hälften mit der Frischkäsecreme bestreichen. Die Roten Beten darauf verteilen und mit Feldsalat-Gremolata bestreuen. Die Brote zusammensetzen und gleich servieren.

SO SCHMECKT'S AUCH | STATT ROTEN BETEN Rote Beten haben manchmal einen leicht erdigen Geschmack, der nicht jedermanns Sache ist. Dann z. B. die gleiche Menge Kürbis, Sellerie, Petersilienwurzeln oder Pastinaken in Stifte schneiden und in 5 – 8 Minuten knusprig braten.

DAS IST *wirklich* WICHTIG

....

[a] TEIG AUSROLLEN Nach dem
Ruhen ist der Teig leicht klebrig.
Mischen Sie kein weiteres Mehl unter,
sondern bemehlen Sie lediglich
Hände und Nudelholz. Dann den Teig
auf einem bemehlten Küchentuch in
alle Richtungen mit dem Nudelholz
so dünn wie möglich zu einem Rechteck (ca. 30 x 40 cm) ausrollen.

DEN TEIG SO
DÜNN WIE
MÖGLICH AUS-
ROLLEN.

[a]

KRAUTKRAPFEN
mit Feta

WEISSKOHL IST IN DER KALTEN JAHRESZEIT EIN WICHTIGER NÄHRSTOFF-
LIEFERANT. ER ENTHÄLT VITAMIN C UND E SOWIE EISEN UND KALIUM.

Zutaten für 4 Portionen

200 g Mehl, Salz

2 EL neutrales Öl

1 Eigelb

500 g Weiß- oder Spitzkohl

1 Stange Lauch

½ Bund Petersilie

1 TL Koriandersamen
(nach Belieben)

1 säuerlicher Apfel

je 1 TL edelsüßes und rosenscharfes Paprikapulver

60 g zerlassene Butter

200 g Feta (Schafskäse)

200 g saure Sahne oder
Crème fraîche

Fett für die Form

besonderes Werkzeug
• Mörser

Zeitbedarf
• ca. 1 Stunde
• 40 Minuten backen

So geht's

1. Für den Teig aus Mehl, 1 Prise Salz, Öl, Eigelb und 80 ml lauwarmem Wasser wie im ersten Schritt auf Seite 70/71 beschrieben
einen Teig herstellen und in Butterbrotpapier gewickelt 30 Minuten
warm ruhen lassen. Dafür in einem Topf Wasser zum Kochen bringen. Das Wasser ausgießen, den Teig hineinlegen und abdecken.

2. Inzwischen für die Füllung den Kohl in die einzelnen Blätter trennen und waschen. Den Kohl in sehr feine Streifen teilen, dabei
dicke Mittelrippen etwas flacher schneiden. Den Lauch putzen,
waschen und in feine Streifen schneiden. Beides in einer Schüssel
mit 1 TL Salz kräftig durchkneten.

3. Die Petersilie waschen, trocken schütteln und die Blättchen fein
hacken. Nach Belieben den Koriander in einer Pfanne bei mittlerer
Hitze etwa 1 Minute rösten, im Mörser zerdrücken. Den Apfel schälen, putzen, grob raspeln und mit Petersilie und Koriander unter die
Kohlstreifen mischen. Mit den beiden Paprikasorten würzen.

4. Den Teig halbieren und jede Hälfte ausrollen [→a], dann noch etwas
dünner ausziehen (s. Seite 70/71). Die Teigstücke mit etwas zerlassener Butter bepinseln und die Kohlmischung darauf verteilen.
Dabei an den beiden kürzeren Seiten einen 3–4 cm breiten Rand
frei lassen. Den Schafskäse darüberkrümeln. Die saure Sahne in
Klecksen darauf verteilen.

5. Den Backofen auf 180 °C (Ober- und Unterhitze; Umluft 160 °C)
vorheizen. Eine große feuerfeste Form einfetten. Die Teigstücke
aufrollen (s. Seite 70/71) und in 5–8 cm dicke Scheiben schneiden.
Krapfen dicht nebeneinander in die Form setzen, mit der restlichen Butter beträufeln und im heißen Ofen (Mitte) etwa 40 Minuten
backen. Vor dem Servieren 5–10 Minuten ruhen lassen.

SELLERIE-MANDEL-PUFFER

mit Linsensalat

EIN GRUNDREZEPT FÜR SAFTIGE GEMÜSEPUFFER, DIE AUCH MIT PASTINAKEN, STECKRÜBEN ODER PETERSILIENWURZELN GELINGEN.

Zutaten für 4 Portionen

200 g braune, grüne oder schwarze Linsen

1 Lorbeerblatt

1 Stück Knollensellerie (ca. 600 g)

Salz

½ Bio-Zitrone

1 getrocknete Chilischote

100 g gehackte Mandeln

1 TL getrockneter Thymian

2 Eier (Größe M)

50 g Mehl

2 EL Butterschmalz

1 milde rote Zwiebel

1 Bund Schnittlauch

1 Bio-Orange

2 TL Honigsenf

Pfeffer aus der Mühle

4 EL Olivenöl

Zeitbedarf
- ca. 40 Minuten

So geht's

1. Für den Salat die Linsen in einem Sieb kalt abbrausen, in einen Topf füllen, mit Wasser bedecken und zusammen mit dem Lorbeerblatt zum Kochen bringen. Linsen zugedeckt bei schwacher bis mittlerer Hitze in 35 – 45 Minuten bissfest kochen.

2. Inzwischen für die Puffer den Sellerie schälen, etwa 1 cm groß würfeln und in wenig Salzwasser in etwa 10 Minuten weich kochen. Sellerie in ein Sieb abgießen, abtropfen und abkühlen lassen.

3. Die Zitronenhälfte heiß waschen und abtrocknen, die Schale fein abreiben, den Saft auspressen. Die Chilischote zwischen den Fingerspitzen fein zerbröseln. Die Selleriewürfel fein hacken. Alle vorbereiteten Zutaten, außer dem Zitronensaft, in einer Schüssel mit Mandeln, Thymian, Eiern und Mehl gut vermischen. Mit Salz abschmecken.

4. Das Butterschmalz in einer Pfanne erhitzen. Von der Selleriemasse mit einem Esslöffel ca. 8 Puffer in die Pfanne setzen und bei mittlerer Hitze 4 – 5 Minuten braten, dann wenden und noch einmal so lange braten.

5. Während die Puffer braten, für den Salat die Zwiebel schälen und sehr fein hacken. Den Schnittlauch abbrausen, trocken schütteln und in feine Röllchen schneiden. Für ein Salatdressing die Orange heiß waschen und abtrocknen, die Schale fein abreiben, von einer Hälfte den Saft auspressen. Orangensaft mit Senf, 1 EL Zitronensaft, Salz und Pfeffer verrühren. Das Öl nach und nach mit einer Gabel unterschlagen.

6. Die Linsen in ein Sieb abgießen und abtropfen lassen, dann mit der Zwiebel, der Orangenschale und dem Dressing mischen und abschmecken. Linsensalat mit dem Schnittlauch bestreuen und zu den Sellerie-Mandel-Puffern servieren.

STECKRÜBEN-PFLANZERLN
mit Sauerkrautrohkost

DEN TIROLER KARTOFFELPFLANZERLN NACHEMPFUNDEN – MIT DEN WÜRZIGEN STECKRÜBEN SCHMECKEN DIE BRATLINGE SOGAR NOCH AROMATISCHER.

Zutaten für 4 Portionen

500 g Steckrüben, Salz

125 g altbackenes Bauernbrot

2 Eier (Größe M)

100 ml Milch

1 Bund Schnittlauch

75 g würziger Bergkäse (am Stück)

150 g Quark

Pfeffer aus der Mühle

2 EL Butterschmalz

1 säuerlicher Apfel

2 EL Zitronensaft

1 Stück Meerrettichwurzel (ca. 2 cm)

2 TL Apfeldicksaft

2 EL naturtrüber Apfelsaft

1 Prise gemahlener Kümmel

3 EL Rapsöl

400 g rohes Sauerkraut

Zeitbedarf
• ca. 50 Minuten

So geht's

1. Für die Pflanzerln die Steckrüben putzen, schälen, grob würfeln und in wenig kochendem Salzwasser zugedeckt bei mittlerer Hitze in etwa 12 Minuten weich kochen. Gegartes Gemüse in ein Sieb abgießen, abtropfen und lauwarm abkühlen lassen.

2. Inzwischen das Brot von der Rinde befreien und würfeln. Die Eier mit der Milch verrühren, die Brotwürfel untermischen und weich werden lassen. Den Schnittlauch abbrausen, trocken schütteln und in Röllchen schneiden. Den Käse entrinden und grob raspeln.

3. Die Steckrüben durch eine Kartoffelpresse in eine Schüssel drücken. Das Brot in der Eiermilch mit einer Gabel zermusen und mit Schnittlauch, Quark und Käse zu den Steckrüben geben. Alle Zutaten gut verkneten und mit Salz und Pfeffer abschmecken. Masse zu etwa 8 Pflanzerln von knapp 2 cm Dicke formen.

4. Das Butterschmalz in einer Pfanne erhitzen. Die Pflanzerln einlegen und bei mittlerer Hitze auf einer Seite etwa 5 Minuten braten. Umdrehen und noch einmal so lange braten.

5. Während die Pflanzerln braten, für die Sauerkrautrohkost den Apfel vierteln, schälen und das Kerngehäuse entfernen. Die Apfelschnitze in kleine Würfel schneiden oder raspeln und in einer Schüssel mit 1 EL Zitronensaft mischen. Den Meerrettich schälen und zum Apfel reiben. Den restlichen Zitronensaft mit Dick- und Apfelsaft verrühren, mit Salz, Pfeffer und Kümmel würzen. Das Öl nach und nach mit einer Gabel zu einer Sauce unterschlagen. Das Sauerkraut zerpflücken und mit der Sauce unter den Apfel und Meerrettich mischen, abschmecken und mit den Steckrüben-Pflanzerln servieren.

PASTINAKEN-ZWIEBEL-GULASCH
mit Kartoffel-Meerrettichpüree

DIE KOMBINATION AUS LEICHT SÜSSLICHEN PASTINAKEN UND FEINEN GEWÜRZEN ZUM SÄMIGEN PÜREE IST VON DER UNGARISCHEN KÜCHE INSPIRIERT.

Zutaten für 4 Portionen

600 g Pastinaken

800 g mehligkochende oder vorwiegend festkochende Kartoffeln

500 g Zwiebeln

Salz

1 EL Butter

1 EL neutrales Öl

2 TL Kümmelsamen

1 EL edelsüßes Paprikapulver

2 TL rosenscharfes Paprikapulver

1 EL Tomatenmark

¼ l Gemüsebrühe

1 Stück Meerrettichwurzel (3–4 cm)

200 ml Milch

2 EL Butter

100 g saure Sahne

Pfeffer aus der Mühle

Zeitbedarf
• ca. 30 Minuten

So geht's

1. Die Pastinaken und Kartoffeln waschen, putzen, schälen und etwa 2 cm groß würfeln. Die Zwiebeln schälen, vierteln und quer in breitere Streifen schneiden. Kartoffelwürfel in wenig Salzwasser in 10–15 Minuten weich kochen.

2. Währenddessen für das Gulasch die Butter und das Öl in einem Topf erhitzen, Zwiebel und Kümmelsamen darin unter Rühren 2–3 Minuten andünsten. Die Pastinaken dazugeben und kurz mitdünsten. Die beiden Paprikasorten darüberstäuben, kurz mitbraten, dann das Tomatenmark unterrühren und dabei anbraten. Die Brühe angießen, das Gemüse salzen und pfeffern und zugedeckt bei schwacher Hitze in etwa 8 Minuten bissfest garen.

3. Inzwischen für das Püree den Meerrettich schälen und fein reiben. Die Milch erwärmen. Die Kartoffeln abgießen, im Topf mit dem Kartoffelstampfer fein zerdrücken und mit Milch und Butter ein Püree herstellen [→a]. Den Meerrettich unterrühren, abschmecken.

4. Die saure Sahne unter das Gulasch mischen, mit Salz und Pfeffer abschmecken und mit dem Püree servieren.

DIE VARIANTE | SELLERIE-KÜRBIS-PÜREE
1 Stück Kürbis (ca. 400 g), 1 Stück Knollensellerie (ca. 400 g), 1 mehligkochende Kartoffel (ca. 150 g), 200 ml Gemüsebrühe, 2 EL Butter, 100 g Sahne, Salz, Pfeffer aus der Mühle, 1 Prise gemahlener Koriander, ½ Kästchen Gartenkresse Kürbis, Knollensellerie und Kartoffel waschen, putzen, schälen und gleich groß würfeln. In der Brühe zugedeckt bei schwacher Hitze in 10–15 Minuten weich kochen, dann mit der Garflüssigkeit zerstampfen. Butter in Flöckchen und Sahne unterschlagen. Mit Salz, Pfeffer und Koriander abschmecken und mit der Gartenkresse bestreut servieren.

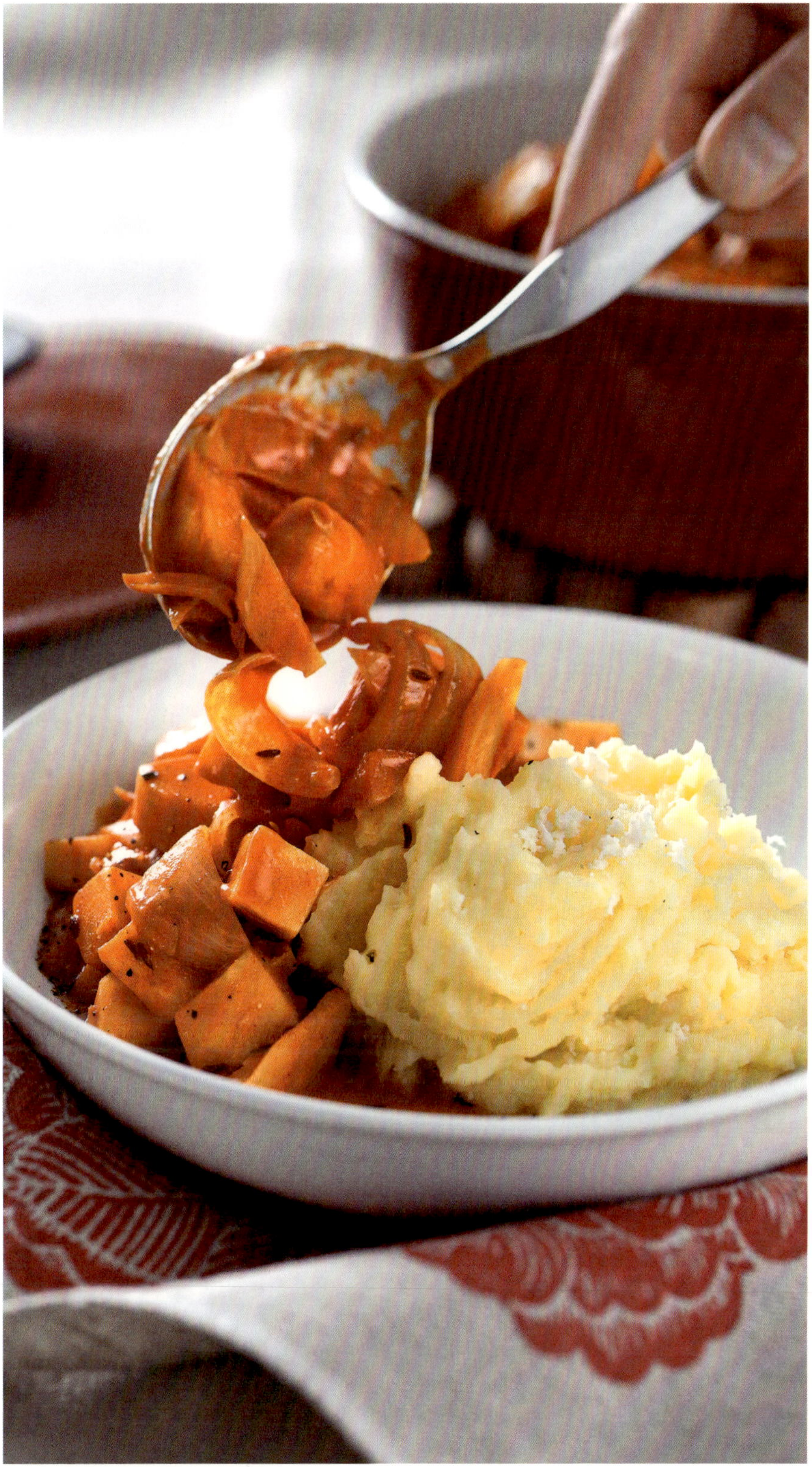

DAS IST *wirklich* WICHTIG

[a] PÜREE SCHLAGEN Schlagen Sie die warme Milch und die Butter in Flöckchen mit dem Schneebesen unter die Kartoffeln. So wird das Püree luftig und locker. Aber nicht zu lange schlagen und vor allem nicht den Pürierstab verwenden, sonst wird das Püree kleistrig.

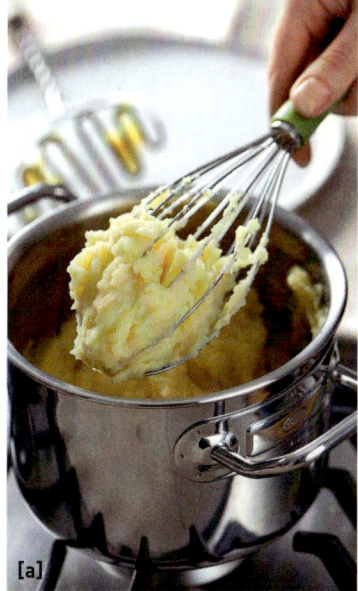

[a]

RAHMWIRSING
mit indischen Würzkartoffeln

FÜR EINE VEGANE VARIANTE BUTTER UND BUTTERSCHMALZ DURCH ÖL ERSETZEN
UND DEN WIRSING MIT KOKOSMILCH STATT SAHNE VERFEINERN.

Zutaten für 4 Portionen

Salz

1 mittelgroßer Wirsing (ca. 700 g)

800 g festkochende Kartoffeln

1 Stange Lauch

1 Stück Ingwer (ca. 2 cm)

2 EL Butterschmalz (ersatzweise je 1 EL Butter und Öl)

je 1 TL gemahlener Koriander und Chilipulver oder -flocken

je ½ TL gemahlener Kreuzkümmel und Kurkuma

je 1 Prise gemahlene Nelken und Zimtpulver

425 ml Gemüsebrühe

1 Zwiebel

1 EL Butter

2 TL Mehl

150 g Sahne

Pfeffer aus der Mühle

¼ Bund Koriandergrün

Zeitbedarf
• ca. 35 Minuten

So geht's

1. Für den Rahmwirsing in einem großen Topf Wasser zum Kochen bringen, salzen. Vom Kohlkopf alle welken Blätter entfernen. Den Wirsing waschen, vierteln und den Strunk herausschneiden. Die Viertel quer in Streifen schneiden und im kochenden Wasser 10 Minuten bei mittlerer Hitze vorgaren, in ein Sieb abgießen.

2. Schon während der Wirsing kocht, die Kartoffeln schälen, waschen und je nach Größe halbieren, vierteln oder achteln. Den Lauch putzen, der Länge nach halbieren, gründlich waschen, auch zwischen den Schichten, und in breite Streifen schneiden. Den Ingwer schälen und fein hacken.

3. Das Butterschmalz in einer Pfanne erhitzen. Die Kartoffeln darin bei mittlerer Hitze in 5 Minuten von allen Seiten leicht braun anbraten. Lauchstreifen und Ingwer dazugeben und kurz mitbraten, mit Salz würzen. Alle Gewürze unterrühren und anrösten. 300 ml Brühe angießen und die Kartoffeln bei mittlerer Hitze weitere 8–10 Minuten garen, bis sie weich, aber nicht zu weich sind. Falls nötig, noch etwas Flüssigkeit nachgießen.

4. Währenddessen die Zwiebel schälen, vierteln und quer in dünne Streifen schneiden. Die Butter in einer Pfanne zerlassen und die Zwiebel darin andünsten. Das Mehl darüberstäuben und anschwitzen, bis es hellgelb ist. Sahne und restliche Brühe einrühren, einmal aufkochen und offen bei mittlerer Hitze etwa 5 Minuten köcheln lassen. Den Wirsing untermischen, salzen und pfeffern.

5. Den Koriander waschen und trocken schütteln. Die Blättchen abzupfen und fein hacken. Die Bratkartoffeln abschmecken und mit dem Koriander bestreut zum Rahmwirsing servieren.

DAS STECKT DRIN | WIRSING ist voller gesunder Nährstoffe. Er enthält Vitamin C, Vitamin B6, E und Folsäure sowie Kalium, Kalzium und Eisen.

SPINAT-SEMMELKNÖDEL
mit Pilzragout

EIN HERBSTGENUSS, DER UNS MIT EINER MENGE VITAMIN D AUS DEN PILZEN VER-
SORGT. DAVON BRAUCHEN WIR BESONDERS IN DER DUNKLEREN JAHRESZEIT MEHR.

Zutaten für 4 Portionen

200 ml Milch

200 g altbackenes Mischbrot

Salz

800 g Spinat

2 Zwiebeln

2 TL + 2 EL Butter

100 g frisch geriebener Bergkäse

3 Eier (Größe M)

100 g + 2 TL Weizen- oder
Dinkelvollkornmehl

Pfeffer aus der Mühle

1 Prise frisch geriebene
Muskatnuss

800 g Pilze (z. B. Champignons,
Egerlinge oder Steinpilze)

1 EL Zitronensaft

⅛ l Gemüsebrühe

150 g Sahne

1 Bund Petersilie

Zeitbedarf
• ca. 1 Stunde

So geht's

1. Für die Knödel die Milch lauwarm erhitzen. Das Brot samt Rinde in grobe Würfel schneiden. Beides in einer großen Schüssel mischen und quellen lassen.

2. In einem großen Topf Wasser zum Kochen bringen und salzen. Den Spinat mehrmals gründlich waschen, dabei verlesen und sehr dicke Stiele entfernen. Spinatblätter im kochenden Wasser zusammenfallen lassen. In ein Sieb abgießen, abschrecken und mit den Händen sehr gut auswringen. Spinat mittelgrob hacken.

3. 1 Zwiebel schälen, fein würfeln und in 2 TL heißer Butter bei schwacher Hitze in 2–3 Minuten goldbraun andünsten. Dann mit Spinat, Käse, Eiern und 100 g Mehl zum eingeweichten Brot geben. Alles mit Salz, Pfeffer und Muskat würzen, durchkneten [→a] und zu 8–10 gleich großen Knödeln formen.

4. In dem großen Topf noch mal Salzwasser aufkochen, Knödel hineingleiten lassen. Die Hitze sofort reduzieren und die Knödel bei schwacher bis mittlerer Hitze in etwa 15 Minuten gar ziehen lassen.

5. Schon während das Wasser heiß wird, die Pilze säubern, putzen, in dünne Scheiben schneiden und mit dem Zitronensaft mischen.

6. Die übrige Zwiebel schälen und fein würfeln. 2 EL Butter in der Pfanne erhitzen und die Zwiebelwürfel darin bei mittlerer Hitze 2–3 Minuten andünsten. Den Herd auf starke Hitze stellen, die Pilze in die Pfanne geben, unter Rühren etwa 5 Minuten braten.

7. 2 TL Mehl über die Pilze stäuben und kurz anschwitzen. Brühe und Sahne einrühren, aufkochen und bei schwacher Hitze offen weitere 5 Minuten köcheln lassen, salzen und pfeffern. Die Petersilie waschen, trocken schütteln und die Blättchen fein hacken, unter das Ragout mischen. Die Knödel mit einem Schaumlöffel aus dem Wasser heben und zu dem Pilzragout servieren.

[a]

DAS IST *wirklich* WICHTIG

[a] KNÖDELTEIG Die Brotscheiben mit den restlichen Knödel-Zutaten so lange kräftig mit den Händen durchkneten, bis die Brotscheiben kleiner werden und die Masse gut gebunden ist. Sie soll eine Konsistenz wie Hackfleischteig haben. Ist der Knödelteig zu trocken, noch etwas Milch oder flüssige Butter untermischen. Ist sie zu feucht, ein bisschen Mehl dazugeben.

KLEIN, ABER OHO!
Hülsenfrüchte & Nüsse

HÄTTEN SIE DAS GEDACHT: HÜLSENFRÜCHTE HABEN DEN HÖCHSTEN EIWEISSGEHALT ALLER PFLANZLICHEN LEBENSMITTEL. UND BEIM THEMA HOCHWERTIGE FETTSÄUREN STEHEN NÜSSE FISCH IN NICHTS NACH.

HÜLSENFRÜCHTE IM ÜBERBLICK

Die meisten Hülsenfrüchte müssen vor dem Kochen über Nacht oder mindestens 8 Stunden in Wasser eingeweicht werden. Anschließend in ein Sieb abgießen und immer mit frischem Wasser kochen. Wohnen Sie in einer Region mit kalkhaltigem Wasser, am besten 1 TL Natron ins Kochwasser geben, sonst verlängert sich die Garzeit. Auch Salz verlangsamt das Weichwerden der Hülsenfrüchte, also immer erst nach dem Garen salzen.

Bohnen schmecken sowohl in der Suppe oder im Eintopf, wie auch als Salat. Alle Bohnensorten müssen grundsätzlich über Nacht in ausreichend Wasser eingeweicht werden. Dann am nächsten Tag je nach Alter und Sorte in 1–1½ Stunden weich kochen.

Erbsen gibt es grün und gelb, beide sowohl geschält wie ungeschält. Geschälte Erbsen sind schneller gar und leichter verdaulich als ungeschälte. Außerdem müssen sie nicht eingeweicht werden. Ungeschälte Erbsen sind nach dem Einweichen über Nacht in 1–1½ Stunden gar.

Kichererbsen erinnern im Geschmack an Nüsse und sind vor allem aus den Mittelmeerländern und Indien bekannt. Getrocknete Kichererbsen müssen über Nacht in Wasser quellen und haben dann eine Garzeit von 1–1½ Stunden.

Linsen müssen grundsätzlich nicht eingeweicht werden. Grünliche Puy-Linsen, schwarze, nach dem edlen Kaviar benannte Beluga-Linsen oder grünliche bis braune Berglinsen (z. B. aus Umbrien) bekommen Sie inzwischen in jedem Naturkostladen. Daneben finden Sie geschälte rote und gelbe Linsen. Sie sind leichter verdaulich als ungeschälte Linsen und schon nach 15 Minuten Garzeit fertig.

AUS DEM VORRAT

Vor allem Bohnen und Kichererbsen gibt es
bereits gegart aus der Dose oder dem Glas.
Da sich die Inhaltsstoffe zu selbst gekochten
Hülsenfrüchten kaum unterscheiden und sie
viel schneller zubereitet sind, lohnt es sich,
immer etwas davon im Vorrat zu haben. Allerdings sind Bohnen und Kichererbsen aus
der Dose oft sehr weich und daher besser für
Suppen oder Pürees als für Salate geeignet.
Und: Vor der Weiterverwendung Hülsenfrüchte
immer in einem Sieb unter fließend kaltem
Wasser gründlich abspülen.

NÜSSE UND KERNE IM ÜBERBLICK

Nuss ist nicht gleich Nuss – zumindest botanisch gesehen. Denn danach dürften sich nur
Maronen (Edelkastanien), Haselnüsse, Maca-
damia- und Walnüsse als Nüsse bezeichnen.
Die Erdnuss ist streng genommen eine Hülsen-
frucht; Kokos- und Pekannuss sowie Pistazien
zählen eigentlich zu den Steinfrüchten und
Mandeln sind eng mit der Kirsche verwandt.
Dazu gesellen sich ein paar Einzelgänger aus
wieder anderen Familien wie Cashew- und
Paranüsse, Kürbis-, Sonnenblumen- und Pinienkerne und Sesamsamen. Was aber vor allem
in der vegetarischen Küche zählt, sind ihre
Gemeinsamkeiten: In Maßen genossen haben
Nüsse und Kerne eine sehr positive Wirkung
auf unsere Gesundheit. Ihr Fettgehalt ist mit
40–75 % zwar relativ hoch, sie enthalten
dafür aber reichlich einfach und mehrfach
ungesättigte Fettsäuren, die einen günstigen
Einfluss auf das Herz-Kreislauf-System und
die Blutfettwerte haben – im Gegensatz zu
den gesättigten Fettsäuren aus tierischen
Produkten. Darüber hinaus enthalten sie viel
Vitamin E, das zellschützend wirkt, und viele
für Gehirn und Nerven wichtige Vitamine
der B-Gruppe. Außerdem versorgen sie uns
mit Mineralstoffen wie Eisen (Pistazien) und
Selen (Paranüsse).

FÜR MEHR AROMA

Der Geschmack von Nüssen und Kernen
kommt noch besser zur Geltung, wenn sie leicht
angeröstet werden. Außerdem sorgt das Erwärmen dafür, dass wir die Mineralstoffe der
Nüsse besser aufnehmen können, auch wenn
die Vitamine leicht darunter leiden. Dazu Nüsse
und Kerne in einer trockenen Pfanne bei mittlerer Hitze unter Rühren 1–2 Minuten rösten,
bis sie fein duften. Abkühlen lassen und weiter-
verwenden.

MÖGLICHST IM GANZEN KAUFEN

Das hochwertige Fett macht Nüsse und Kerne
nicht nur wertvoll für die Ernährung, es sorgt
auch dafür, dass die kleinen Energiespender
nur begrenzt haltbar sind, denn nach einiger
Zeit wird das Fett ranzig. Noch schneller geht
das bei gehackten oder gemahlenen Nüssen.
Kaufen Sie Nüsse also immer im Ganzen,
wenn möglich sogar in der Schale, und lagern
Sie sie kühl.

DAS IST *wirklich* WICHTIG

[a] KÜRBIS VORBEREITEN Den Kürbis in Spalten schneiden. Schaben Sie dann mit einem Löffel die Kerne samt dem weichen, faserigen Fruchtfleisch vom Kürbisfleisch ab. Jetzt die Spalten seitlich auf ein Brett legen und die Schale Stück für Stück abschneiden.

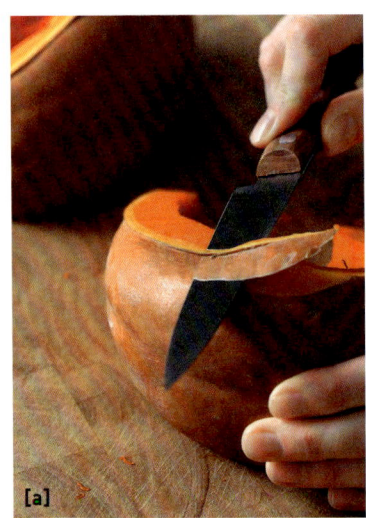

[a]

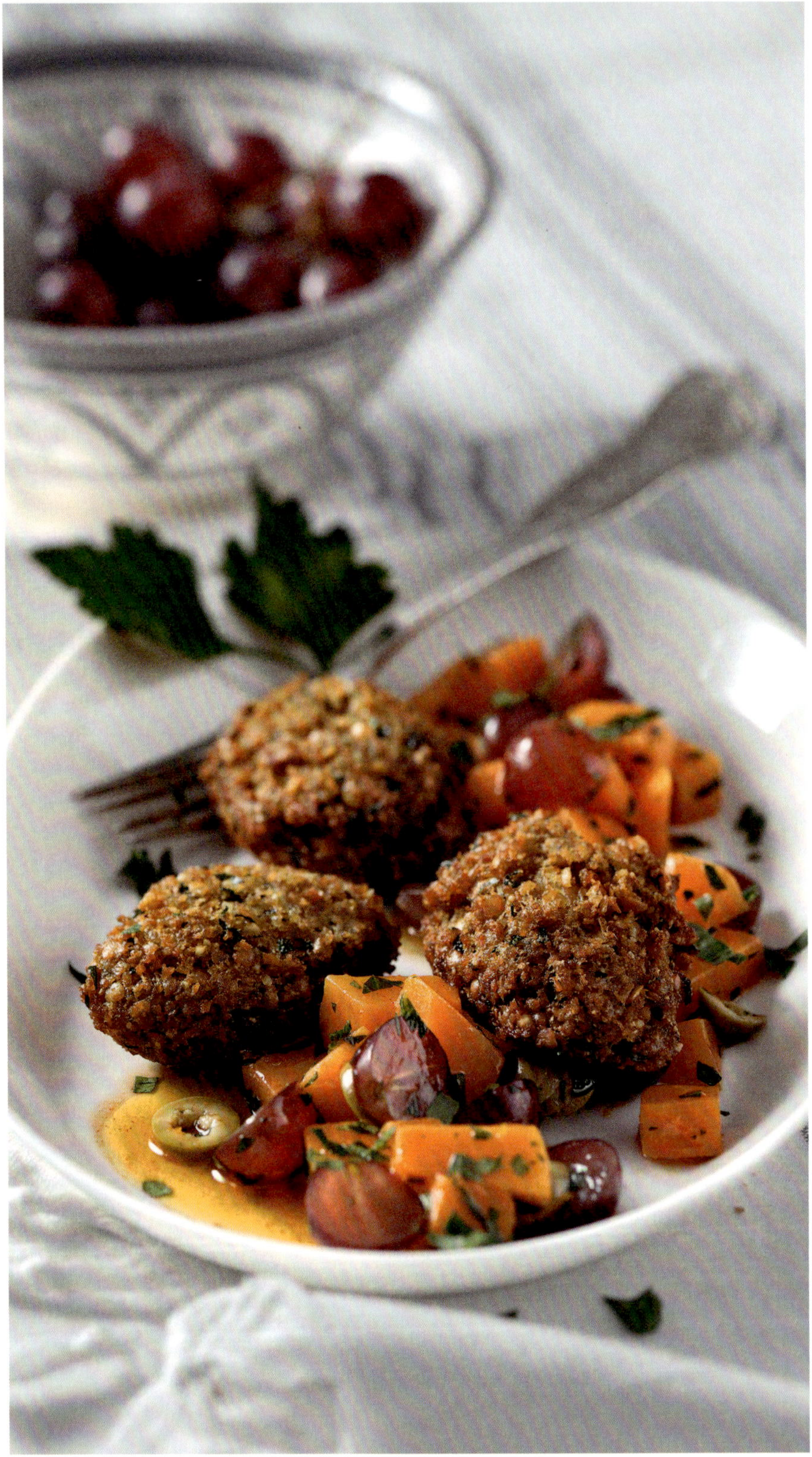

KÜRBIS-TRAUBEN-SALAT
mit Linsen-Falafel

HÜLSENFRÜCHTE SIND GESUNDES KRAFTFUTTER! BALLASTSTOFFE, MINERALSTOFFE, VITAMINE UND VIEL EIWEISS MACHEN SIE BESONDERS FÜR VEGANER WERTVOLL.

Zutaten für 4 Portionen

300 g geschälte gelbe Linsen

1 Stück Kürbis (z. B. Butternut- oder Muskatkürbis; ca. 600 g)

Salz, 300 g blaue Trauben

2 EL grüne Oliven (ohne Stein)

1 Bund Petersilie

1 Bio-Orange, 2 EL Zitronensaft

1 TL Harissa (scharfe Paprika-paste)

4 EL Olivenöl

Pfeffer aus der Mühle

1 große Zwiebel

2 Knoblauchzehen

2 EL gemahlene Mandeln

je 1 TL gemahlener Koriander und edelsüßes Paprikapulver

1 TL Backpulver

¾ l neutrales Öl zum Frittieren

besonderes Werkzeug
• Küchenmaschine

Zeitbedarf
• mind. 8 Stunden einweichen
• ca. 1 Stunde

So geht's

1. Die Linsen in einer Schüssel mit Wasser bedecken und mindestens 8 Stunden oder über Nacht quellen lassen.

2. Am nächsten Tag für den Salat den Kürbis putzen und schälen [→a]. Das Kürbisfruchtfleisch etwa 1 cm groß würfeln. Einen Topf etwa 5 cm hoch mit Wasser füllen. Das Wasser salzen, aufkochen und den Kürbis darin zugedeckt in etwa 5 Minuten bissfest kochen, dann in ein Sieb abgießen, abschrecken und abtropfen lassen.

3. Die Trauben waschen und halbieren, Kerne nach Belieben herauslösen. Die Oliven in feine Scheiben schneiden. Die Petersilie waschen und trocken schütteln, die Blättchen abzupfen und fein hacken. Die Orange heiß waschen und abtrocknen, die Hälfte der Schale fein abreiben. Den Orangensaft auspressen.

4. Zitronensaft mit 4 EL Orangensaft, Orangenschale und Harissa in einer Schüssel verrühren, salzen. Das Öl nach und nach unterschlagen. Kürbis, Trauben, Oliven und die Hälfte der Petersilie untermischen. Den Salat mit Salz und Pfeffer abschmecken.

5. Die Linsen abgießen und abtropfen lassen. Die Zwiebel und den Knoblauch schälen, grob hacken, dann mit der restlichen Petersilie und den Linsen in einer Küchenmaschine fein zerkleinern. Mandeln, Gewürze, Backpulver und 1 TL Salz unter die Falafel-Masse mischen. Aus der Masse etwa 12–16 golfballgroße Falafel formen.

6. Das Fett in einem weiten Topf erhitzen (s. Seite 56/57). Die Linsenbällchen darin bei mittlerer Hitze portionsweise etwa 4 Minuten frittieren, bis sie schön gebräunt sind. Falafel mit einem Schaumlöffel aus dem Fett nehmen und auf einer dicken Lage Küchenpapier abtropfen lassen. Salat auf Tellern verteilen und die Linsen-Falafel daraufsetzen.

MARONENSUPPE

mit gerösteten Chicoréestreifen

BEIM GAREN WANDELT SICH DIE IN MARONEN ENTHALTENE STÄRKE IN ZUCKER UM, WAS IHNEN DEN FEINEN GESCHMACK VERLEIHT.

Zutaten für 4 – 6 Portionen

300 g frische Maronen oder
1 Packung vorgegarte Maronen
(200 g)

1 Stück Knollensellerie (ca. 150 g)

1 Zwiebel

2 Knoblauchzehen

3 EL Butter

1 l Gemüsebrühe

2 zarte Chicorée (ca. 200 g)

1 TL Koriandersamen

2 TL brauner Zucker, Salz

100 g Sahne

2 EL Zitronensaft

Pfeffer aus der Mühle

besonderes Werkzeug

- Mörser
- Pürierstab

Zeitbedarf

- ca. 45 Minuten

So geht's

1. Zur Vorbereitung der frischen Maronen den Backofen auf 180 °C (Ober- und Unterhitze; Umluft 160 °C) vorheizen. Die Kastanien auf der gewölbten Seite über Kreuz einschneiden und auf einem Blech etwa 15 Minuten backen, bis die Schale sich nach oben wölbt.

2. Inzwischen den Sellerie putzen, schälen und klein würfeln. Zwiebel und Knoblauch schälen und hacken. Die Maronen etwas abkühlen lassen, dann schälen. Dabei auch die braune Haut entfernen. Geschälte oder bereits vorgegarte Maronen grob kleiner schneiden.

3. In einem Suppentopf 1 EL Butter zerlassen und Zwiebel, Knoblauch und Selleriewürfel darin 1–2 Minuten andünsten. Kastanien dazugeben und unter Rühren kurz mitdünsten. Die Brühe angießen und zum Kochen bringen. Topf verschließen und die Suppe bei mittlerer Hitze etwa 15 Minuten kochen lassen.

4. In der Zwischenzeit für das Topping den Chicorée waschen, alle welken Blätter entfernen. An den Spitzen beginnend die Stauden in knapp 1 cm breite Streifen schneiden, dabei die Strünke aussparen.

5. Den Koriander in einer trockenen Pfanne unter Rühren etwa 1 Minute rösten, im Mörser grob zerstoßen. Die übrige Butter mit dem Zucker und dem Koriander in einer Pfanne schmelzen lassen. Die Chicoréestreifen dazugeben und bei mittlerer Hitze unter Rühren etwa 3 Minuten braten, bis sie goldbraun und bissfest sind, salzen.

6. Die Suppe im Topf pürieren. Die Sahne untermischen und die Suppe mit Zitronensaft, Salz und Pfeffer abschmecken. Auf Teller schöpfen und jede Portion mit Chicoréestreifen belegen.

DAS STECK DRIN | MARONEN oder Edelkastanien gehören zu den Nüssen, sind sehr reich an Eiweiß, Ballaststoffen und gute Lieferanten von einfach und mehrfach gesättigten Fettsäuren. Im Vergleich zu anderen Nussarten sind Maronen insgesamt aber eher fettarm.

SELLERIEPÜREE

mit Nudeln und brauner Butter

EIN PREISWERTES PASTA-GERICHT, UNGEWÖHNLICH SCHLICHT UND DOCH ETWAS GANZ BESONDERES.

Zutaten für 4 Portionen

1 Stück Knollensellerie (ca. 600 g)

1 Zwiebel

2 Zweige Thymian

1 TL Kümmelsamen

¼ TL Anis- oder Fenchelsamen

1 EL + 40 g Butter

1 TL brauner Zucker

¼ l Gemüsebrühe

400 g (Vollkorn-)Fettuccine, breite Bandnudeln oder Spätzle

Salz, Pfeffer aus der Mühle

1 Stück Meerrettichwurzel (ca. 3 cm)

1 TL edelsüßes Paprikapulver

besonderes Werkzeug

- Mörser
- Pürierstab

Zeitbedarf

- ca. 30 Minuten

So geht's

1. Den Sellerie putzen, schälen und in etwa 2 cm große Würfel schneiden. Die Zwiebel schälen und fein würfeln. Den Thymian abbrausen, trocken schütteln und die Blättchen abstreifen. Kümmel- und Anis- oder Fenchelsamen im Mörser andrücken.

2. In einem Topf 1 EL Butter mit dem Zucker schmelzen. Sellerie, Zwiebel und Thymian darin bei mittlerer Hitze unter Rühren 2–3 Minuten andünsten. Die Gewürze dazugeben und kurz anrösten. Die Brühe angießen, den Topf schließen und den Sellerie bei mittlerer bis schwacher Hitze etwa 15 Minuten kochen, bis er schön weich ist.

3. Inzwischen für die Nudeln reichlich Wasser zum Kochen bringen und salzen. Die Nudeln darin nach Packungsangabe al dente kochen.

4. Den Sellerie pürieren, mit Salz und Pfeffer würzen. Das Meerrettichstück schälen. 40 g Butter in einem Pfännchen zerlassen, bei mittlerer Hitze leicht köcheln lassen, bis sie braun wird und nussig duftet. Braune Butter mit Paprikapulver und Salz würzen.

5. Die Nudeln in ein Sieb abgießen, nur kurz abtropfen lassen und im Topf mit dem Selleriepüree vermengen. Nudeln auf vorgewärmten Tellern verteilen und mit der braunen Butter beträufeln. Den Meerrettich in mittelgrobe Späne raspeln und darüberstreuen.

FÜR VEGANER | ÖL STATT BUTTER Zum Andünsten 1 EL Olivenöl verwenden. Anstelle der braunen Butter einfach die gleiche Menge Walnuss- oder geröstetes Haselnussöl ganz sanft erwärmen, würzen und über die Nudeln träufeln.

KÜRBISRAVIOLI
mit scharfer Nussbutter

EIN ECHTES FESTESSEN FÜR ALLE KÜRBISFANS: HAUCHDÜNNER TEIG UM EINE SAFTIGE FÜLLUNG WIRD MIT EINER WÜRZIGEN BUTTER SERVIERT!

Zutaten für 4 Portionen

350 g Mehl

3 Eier (Größe M)

1 Eigelb

1 EL Olivenöl

Salz

1 Stück Muskatkürbis (ca. 700 g)

½ Bund Petersilie

40 g Pinienkerne

50 g frisch geriebener Parmesan

Pfeffer aus der Mühle

60 g Butter

50 g Walnusskerne

1 getrocknete Chilischote

besonderes Werkzeug
• Pürierstab

Zeitbedarf
• ca. 1½ Stunden

So geht's

1. Für den Teig Mehl mit Eiern, Eigelb, Öl und 1 TL Salz zuerst in einer Schüssel, dann auf einer Arbeitsfläche fertig kneten. Dabei den Teig immer wieder mit dem Handballen vom Körper weg flach drücken, einmal zusammenklappen, leicht drehen und wieder drücken. Wird der Teig nicht elastisch, muss noch etwas Wasser dazu. Klebt er an den Fingern, etwas Mehl einarbeiten. Den Teig als Kugel in ein Küchentuch schlagen und etwa 30 Minuten bei Zimmertemperatur ruhen lassen.

2. Inzwischen für die Füllung das Kürbisstück putzen, schälen (s. Seite 98/99), grob würfeln und in wenig Salzwasser zugedeckt bei mittlerer Hitze in 10–15 Minuten sehr weich garen. Das Wasser abgießen und den Kürbis etwas ausdampfen lassen.

3. Die Petersilie waschen, trocken schütteln und die Blättchen fein hacken. Pinienkerne in einer Pfanne ohne Fett rösten, fein hacken. Den Kürbis im Topf pürieren und mit Petersilie, Pinienkernen und Parmesan gründlich verrühren, salzen und pfeffern.

4. Den Teig noch einmal durchkneten und in 4 Portionen teilen. Jede Portion zu einer dünnen langen Platte ausrollen [→a]. Auf die Hälfte der Teigplatten im Abstand von etwa 4 cm je 1 TL Füllung setzen. Die übrigen Teigplatten darüberlegen und Ravioli formen [→b].

5. In einem großen Topf Salzwasser aufkochen und die Ravioli darin in 3–4 Minuten al dente kochen. Die Butter in einem Pfännchen schmelzen, Walnüsse und Chili dazukrümeln und die Butter leicht bräunen lassen. Die Ravioli mit einem Schaumlöffel aus dem Wasser heben, abtropfen lassen, auf vorgewärmten Tellern verteilen und mit der Nussbutter beträufelt servieren.

Nach Belieben Ravioli zusätzlich mit frisch gehobeltem Parmesan oder Pecorino bestreuen.

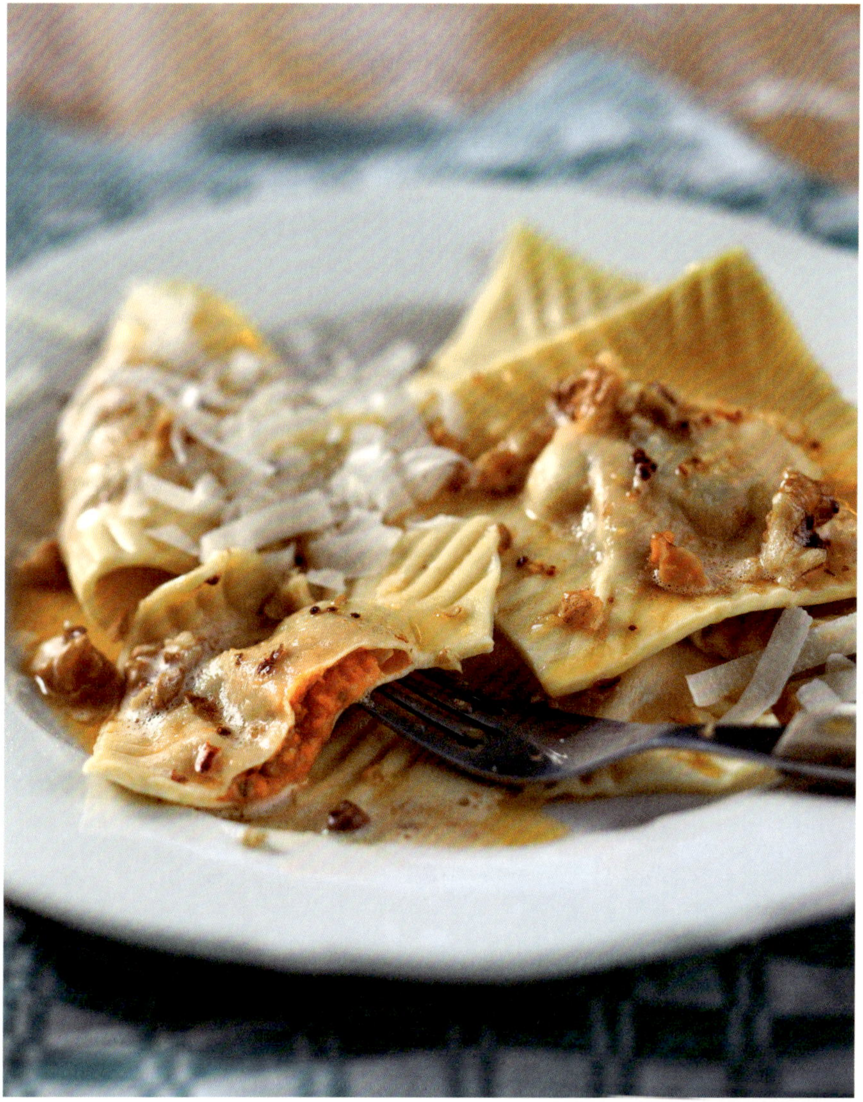

DAS IST *wirklich* WICHTIG

[a] MIT DER NUDELMASCHINE Drücken Sie jede Teigportion mit dem Handballen flach. Die Maschine auf die weiteste Walzenöffnung stellen. Den Teig durchdrehen, dann zu jeweils einem Drittel nach innen klappen. Das zusammengeklappte Teigstück mit der offenen Seite nach vorn durch die Walze drehen. So oft wiederholen, bis die Platte glatt ist. Teigplatte dann mit Mehl bestäuben und langsam bei immer enger gestellter Walzenöffnung durchlaufen lassen, bis der Teig ca. 1 mm dünn ist.

[b] RAVIOLI FORMEN Teig zwischen den Füllungen gut andrücken, dann die übereinandergelegte Teigplatten mit einem Messer oder Teigrädchen zu Quadraten schneiden bzw. rollen. Drücken Sie zum Schluss die Ränder jedes Teigquadrats mit den Zinken einer Gabel zusammen, damit die Füllung beim Kochen nicht ausläuft.

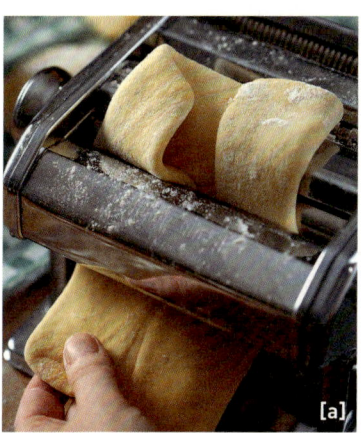

[a]

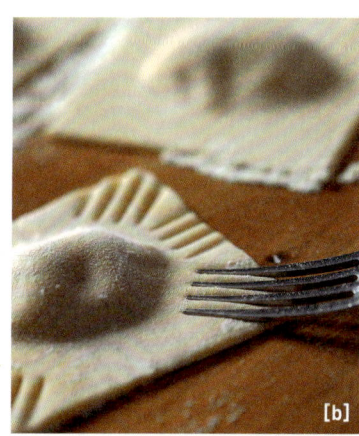

[b]

HERBSTGEMÜSE
für den Vorrat

DIE LETZTEN TOMATEN LIEGEN JETZT VOLLREIF IN DER KISTE, DER ERSTE KÜRBIS UND DIE ERSTEN AROMATISCHEN ROTEN BETEN WERDEN GELIEFERT. KOHL IST NUN BESONDERS FEST UND SAFTIG. GRÜNDE GENUG, SICH EINEN KLEINEN VORRAT FÜR DEN WINTER ANZULEGEN.

BLITZKRAUT

Zutaten für 2 Gläser (à ca. 500 ml): 500 g Weißkohl, je 1 TL Koriander- und Senfsamen, 2 Wacholderbeeren, 1 EL Meersalz, 2 EL Grappa oder weißer Rum

So geht's: Alle welken Außenblätter des Kohls ablösen. Den Kohlkopf waschen, vierteln und aus den Vierteln den Strunk komplett herausschneiden. Die Kohlviertel dann in feine Streifen schneiden oder hobeln. Kohlstreifen mit den Gewürzen auf die Gläser verteilen und gut hineindrücken. Das Salz mit ½ l Wasser aufkochen, den Grappa oder Rum untermischen. Den Sud in die Gläser gießen, bis der Kohl ganz davon bedeckt ist. Gläser verschließen und mindestens 2 Wochen ziehen lassen.
Haltbarkeit: Kühl gelagert etwa 3–4 Monate.

TOMATENSUGO

Zutaten für 2 Gläser (à ca. 400 ml): 1 kg sehr reife Tomaten, 4 Zweige Thymian, 1 Zweig Rosmarin, 2 Salbeiblättchen, 2 EL Olivenöl, Salz, Pfeffer aus der Mühle, 1 Prise Zucker

So geht's: Aus den Tomaten den Stielansatz keilförmig herausschneiden. Die Tomaten in einer Schüssel mit kochendem Wasser überbrühen. Wenn die Haut anfängt sich zu lösen, Tomaten abgießen, abschrecken, dann häuten (s. Seite 64/65) und würfeln. Die Kräuter waschen und trocken schütteln. Blättchen abzupfen und fein hacken. Die Kräuter im Öl bei mittlerer Hitze andünsten. Tomaten dazugeben und offen bei mittlerer Hitze etwa 30 Minuten köcheln lassen, bis der Sugo andickt. Den Sugo mit Salz, Pfeffer und Zucker abschmecken, kochend heiß in die Gläser füllen, sofort verschließen und abkühlen lassen.
Haltbarkeit: Kühl gelagert etwa 3–4 Monate.

MARINIERTER KORIANDER-KÜRBIS

Zutaten für 2 Gläser (à ca. 400 ml): 1 Stück Kürbis (ca. 500 g), 3 TL Koriandersamen, 1 getrocknete Chilischote, ¼ l heller Essig, Salz, 100 g brauner Zucker

So geht's: Mit einem Löffel die Kerne samt dem faserigen Fruchtfleisch aus dem Kürbisstück schaben. Den Kürbis bei Bedarf schälen und gut 1 cm groß würfeln. Den Koriander und die Chilischote in einer Pfanne bei mittlerer Hitze unter Rühren 1–2 Minuten rösten, im Mörser leicht andrücken. In einem Topf Essig mit 100 ml Wasser, 3 TL Salz und Zucker zum Kochen bringen. Topf vom Herd nehmen. Kürbis und angedrückte Gewürze in den Sud rühren, abdecken und 24 Stunden ziehen lassen. Am nächsten Tag Kürbis samt Sud zum Kochen bringen und in 3–4 Minuten bissfest kochen. Mit dem heißen Sud in die Gläser verteilen und die Gläser gleich verschließen.

Haltbarkeit: Kühl gelagert etwa 1 Jahr.

ROTE BETE MIT MEERRETTICH

Zutaten für 2 Gläser (à ca. 400 ml): 500 g Rote Bete, 1 rote Zwiebel, ¼ l Rotweinessig, 50 ml trockener Rotwein, 75 g Honig, Salz, 1 Stück Meerrettichwurzel (ca. 2 cm), 2 TL Kümmelkörner

So geht's: Die Roten Beten waschen und in kochendem Wasser in etwa 30 Minuten zugedeckt bissfest garen. Rote Beten abgießen, abschrecken und abtropfen lassen, dann schälen und in 1 cm breite und ebenso dicke Stifte schneiden. Die Zwiebel schälen, vierteln und quer in Streifen schneiden. Zwiebel mit Essig, Wein und ¼ l Wasser aufkochen und 2–3 Minuten kochen lassen. Den Honig unter den Sud rühren, mit Salz abschmecken. Den Meerrettich schälen und in Scheiben schneiden. Die Zwiebelstreifen mit einem Schaumlöffel aus dem Sud heben und abwechselnd mit Roten Beten, Meerrettich und Kümmel in die Gläser schichten. Den Sud noch einmal aufkochen und darübergießen. Gläser sofort verschließen und die Roten Beten mindestens 1 Woche durchziehen lassen.

Haltbarkeit: Kühl gelagert etwa 1 Jahr.

WINTER
warm & wohlig

JETZT HABEN HERBE SALATE, AROMASTARKE
SCHWARZWURZELN UND FEINE KOHLSORTEN
SAISON. MIT DIESEM VITAMINREICHEN UND
VIELFÄLTIGEN MIX GELINGT DAS „ÜBERWINTERN"
MIT VIEL GENUSS.

WINTERGEMÜSE Scannen Sie den QR-Code ein und
finden Sie nützliche Zusatzinfos und eine Rezeptliste zu
den regionalen Gemüsesorten des Winters im Überblick.
Oder auch unter www.m.kosmos.de/13399/tb5.

DAS IST *wirklich* WICHTIG

....

[a] ORANGEN SCHÄLEN Schneiden Sie oben und unten jeweils eine Scheibe ab. Die Orange auf eine dieser Schnittstellen setzen und jetzt die Schale mit einem scharfen Messer Stück für Stück so abschneiden, dass auch die dünne weiße Haut mit entfernt und das Fruchtfleisch sichtbar wird.

[a]

PORTULAK-SALAT
mit Radicchio und Linsen

EINE VITAMIN- UND MINERALSTOFFREICHE VORSPEISE AN KALTEN TAGEN.
ALS IMBISS MIT KLEINEN ZIEGENKÄSEN – BEI 250 °C KURZ IM OFEN GE-
BACKEN – SERVIEREN.

Zutaten für 4 Portionen

100 g schwarze Linsen

1 getrocknete Chilischote

1 Stück Zimtstange (ca. 3 – 4 cm)

100 g Portulak

1 länglicher Radicchio (am besten
Trevisano oder Tardivo; ca. 200 g)

2 Bio-Orangen

½ Bio-Zitrone

2 EL Gemüsebrühe

1 TL scharfer Senf

Salz, Pfeffer aus der Mühle

3 EL Walnussöl (am besten aus
gerösteten Nüssen)

2 EL nicht zu kräftiges Olivenöl

Zeitbedarf
• ca. 25 Minuten
• 35 – 45 Minuten garen

So geht's

1. Die Linsen in einem Sieb kalt abbrausen, in einen Topf füllen und
   mit Wasser bedecken, zum Kochen bringen. Die Chilischote leicht
   andrücken und mit dem Zimt zu den Linsen geben. Die Linsen bei
   mittlerer bis schwacher Hitze zugedeckt in 35 – 45 Minuten bissfest kochen. In einem Sieb abtropfen und abkühlen lassen, Chili
   und Zimt entfernen.

2. Den Portulak verlesen, den Radicchio in die einzelnen Blätter
   teilen. Beides waschen und trocken schütteln. Große Radicchio-
   blätter kleiner zupfen.

3. 1 Orange und die Zitronenhälfte waschen und abtrocknen, die
   Schale von ½ Orange und von ¼ Zitrone abreiben. Die Zitronenhälfte auspressen. Beide Orangen schälen [→a]. Das Fruchtfleisch
   zwischen den Trennhäuten herausschneiden und würfeln, dabei
   den Saft auffangen.

4. Orangen- und 2 EL Zitronensaft mit Brühe, Senf, Salz und Pfeffer
   verrühren. Die beiden Ölsorten nach und nach mit einer Gabel zu
   einer cremigen Sauce unterschlagen. Die Linsen mit etwa einem
   Drittel der Sauce mischen und abschmecken.

5. Die übrige Sauce unter den Portulak und Radicchio heben, den
   Salat auf vier Tellern verteilen und mit den Linsen und Orangen-
   würfeln bestreuen. Gleich servieren.

DIE VARIANTE | ENDIVIEN-FELDSALAT MIT APFEL-VINAIGRETTE
**Je 100 g Endiviensalatblätter und Feldsalat, 1 TL scharfer Senf, 2 EL Apfelessig, Salz, Pfeffer aus der
Mühle, 4 EL Oliven- oder Haselnussöl, 2 säuerliche Äpfel, 1 geh. EL Butter, 1 gestr. EL brauner Zucker,
2 EL Sonnenblumenkerne** Endivien- und Feldsalat waschen und trocken schütteln. Endivienblätter in Streifen
schneiden. Aus Senf, Essig, Salz, Pfeffer und Öl ein Dressing rühren. Die Äpfel schälen, putzen und würfeln.
Butter und Zucker schmelzen lassen und die Apfelwürfel darin goldbraun braten, salzen und pfeffern, dann
mit den Salaten und der Sauce mischen, auf Tellern verteilen. Sonnenblumenkerne rösten und darüberstreuen.

ZUCKERHUT-SALAT
mit Dattel-Vinaigrette

DER WÜRZIGE SALAT MIT DER LEICHTEN BITTERNOTE IST MIT DER
ENDIVIE VERWANDT. ER SIEHT FAST AUS WIE SPITZKOHL, HAT ABER
WESENTLICH ZARTERE BLÄTTER.

Zutaten für 4 Portionen

1 Bio-Orange

½ Bio-Zitrone

100 g frische Datteln

1 Stück Ingwer (ca. 1 cm)

1 TL Ahornsirup

Salz

½ TL Chiliflocken

4 EL Olivenöl

1 kleiner Zuckerhut (ca. 400 g)

½ Kästchen Gartenkresse oder
4 Stängel Koriandergrün

Zeitbedarf
• ca. 15 Minuten

So geht's

1. Die Orange und die Zitronenhälfte heiß waschen und abtrocknen,
   die Schale beider Zitrusfrüchte fein abreiben und den Saft auspressen. Die Datteln aufschneiden, entsteinen und grob hacken.
   Den Ingwer schälen und sehr fein hacken.

2. Für die Vinaigrette Orangen- und Zitronensaft mit Ahornsirup,
   Ingwer, Salz und Chiliflocken verrühren. Das Öl nach und nach
   mit einer Gabel zu einer cremigen Sauce unterschlagen.

3. Den Zuckerhut in die einzelnen Blätter teilen, waschen, trocken
   schütteln und in feine Streifen schneiden. Mit der Sauce und den
   Datteln mischen und abschmecken. Die Kresse mit der Küchenschere vom Beet schneiden oder den Koriander waschen und
   trocken schütteln, die Blättchen abzupfen und fein hacken und
   über den Zuckerhut-Salat streuen.

Als Hauptgericht z. B. mit gebratenem Tofu oder gebratenen Polenta-
schnitten servieren.

DIE VARIANTE | ZUCKERHUT-CLEMENTINEN-SALAT
1 kleiner Zuckerhut (ca. 400 g), 3 Clementinen, 1 TL scharfer Senf, 50 g Salatmayonnaise, 50 g saure Sahne, 1 EL Zitronensaft oder heller Essig, Salz,
Pfeffer aus der Mühle, 1 kleines Bund Schnittlauch Den Zuckerhut wie oben
beschrieben vorbereiten. Die Clementinen mit einem scharfen Messer so
schälen, dass auch die weiße Haut mit entfernt wird. Die Filets zwischen den
Trennhäutchen herausschneiden. Den Saft, der dabei ausläuft, auffangen und
mit Senf, Salatmayonnaise und saurer Sahne verrühren. Zitronensaft oder
hellen Essig unterrühren und die Sauce mit Salz und Pfeffer würzen. Mit dem
Salat und den Clementinen mischen und abschmecken. Schnittlauch waschen,
in Röllchen schneiden und aufstreuen.

GEBACKENER CHICORÉE
in Blätterteig

OB ALS VORSPEISE ODER LEICHTE HAUPTSPEISE – IN BEGLEITUNG EINES SALATS, ZUM BEISPIEL FELDSALAT MIT APFELSCHNITZEN ODER GRANATAPFELKERNEN WIRD DAS GERICHT BESONDERS VITAMINREICH.

Zutaten für 4 Portionen

8 quadratische TK-Blätterteig-platten (ca. 12 x 12 cm; ca. 400 g)

Salz

4 Chicorée

2 Zwiebeln

2 Knoblauchzehen

1 Bund Petersilie

1 EL Butter

1 Bio-Orange

75 g Walnuss- oder Haselnusskerne

150 g würziger Bergkäse (am Stück)

Pfeffer aus der Mühle

1 Prise rosenscharfes Paprika-pulver

1 Eigelb

1 EL Sahne

Zeitbedarf
• ca. 30 Minuten
• 20 Minuten backen

So geht's

1. Die Blätterteigplatten nebeneinander unter einem Küchentuch auf-tauen lassen. In einem Topf Wasser zum Kochen bringen, salzen.

2. Inzwischen welke Blätter vom Chicorée entfernen und den Strunk so abschneiden, dass die Blätter noch zusammenhalten. Stauden waschen, der Länge nach halbieren und im kochenden Wasser etwa 3 Minuten vorgaren, in ein Sieb abgießen und abtropfen lassen. Chicoréehälften längs vierteln.

3. Für eine Füllung Zwiebeln und Knoblauch schälen und fein würfeln. Die Petersilie waschen und trocken schütteln, die Blättchen fein hacken. Die Butter in einer kleinen Pfanne zerlassen und Zwiebeln und Knoblauch darin bei schwacher Hitze etwa 5 Minuten dünsten. Die Petersilie untermischen und nur zusammenfallen lassen.

4. Die Orange heiß waschen und abtrocknen, die Schale fein abreiben. Die Orange so schälen, dass auch die weiße Haut mit entfernt wird (s. Seite 108/109). Das Fruchtfleisch zwischen den Trennhäuten herausschneiden und fein würfeln. Die Nüsse fein hacken, den Käse entrinden und fein reiben. Alle Zutaten für die Füllung mischen und mit Salz, Pfeffer und Paprika würzen.

5. Den Backofen auf 200 °C (Ober- und Unterhitze; Umluft 180 °C) vorheizen. Ein Backblech kalt abspülen und nicht abtrocknen.

6. Die Blätterteigplatten auf wenig Mehl etwa doppelt so groß aus-rollen. Die Füllung darauf verteilen und je 2 Chicoréeviertel darauf-legen. Den Teig wie ein Päckchen über dem Chicorée schließen. Die Päckchen auf das Backblech legen und im Ofen (Mitte) etwa 20 Minuten backen, bis sie schön gebräunt sind. Nach der Hälfte der Zeit das Eigelb mit der Sahne verrühren und die Päckchen damit einpinseln. Päckchen vor dem Servieren kurz ruhen lassen.

TIERISCH GUT
auch für Vegetarier

EIER, FRISCHE MILCH UND MILCHPRODUKTE VERSORGEN VEGETARIER MIT HOCHWERTIGEM EIWEISS. SO IST EINE AUSREICHENDE EIWEISSZUFUHR AUCH OHNE FLEISCH UND FISCH GEWÄHRLEISTET.

EI, EI, EI!

Eier liefern viel Vitamin A, E, K, Folsäure und Biotin und die Mineralstoffe Eisen und Zink. Deshalb sollten sie nicht auf dem Speiseplan von Vegetariern fehlen. Aber wie entscheidet man sich vor den voll gepackten Regalen für die richtigen Eier von glücklichen Hühnern? Obwohl in Deutschland die Käfighaltung seit 2010 verboten ist, leben viele Hühner mit nur ein bisschen mehr Platz als zuvor (weniger als ein Aktendeckel pro Huhn), immer noch hinter Gittern – in der so genannten Kleingruppenhaltung. Auch Bodenhaltung klingt nach viel mehr Idyll, als es in Wirklichkeit ist: Neun Tiere teilen sich etwa einen Quadratmeter Stallboden. Bei Freilandhaltung kommen zur Stallfläche noch vier Quadratmeter Auslauf pro Huhn dazu. Nur Tiere aus Biohaltung haben mehr Platz im Stall, nicht im Freien, bekommen BioFutter und die Schnäbel nicht gestutzt. Da diese Bestimmungen nicht alle im Ausland gelten, achten Sie zusätzlich auf den Stempel auf der Eierschale: Die Ziffer 0 steht für Bio-Eier, 1 für Freilandhaltung und 2 für Bodenhaltung, 3 für Käfighaltung. Dahinter folgt das Kürzel für das Herkunftsland, z.B. DE für Deutschland.

EIERTEST

Die Mindesthaltbarkeit eines Eis endet 28 Tage nach dem Legedatum. Dieses Datum ist auf der Schachtel vermerkt. Damit können Sie immer ausrechnen, wie alt ihr Ei genau ist. Wollen Sie das Ei roh verwenden, z.B. für eine Mayonnaise, muss es ganz frisch, am besten zwischen drei und zehn Tage alt sein. Wenn Sie ganz sicher gehen wollen, machen Sie zur Rechenprobe den Praxistest: Das Ei in ein Glas mit Wasser legen. Ist das Ei frisch, liegt es flach am Boden, Sie können es sowohl roh als auch gegart verwenden. Bei älteren Eiern vergrößert sich die Luftblase im Inneren, das Ei richtet sich an dieser Seite leicht auf. Es sollte jetzt nicht mehr roh gegessen werden. Kochen, Braten und Backen ist kein Problem. Steht das Ei ganz aufrecht im Glas, ist es schlichtweg zu alt und nicht mehr für den Verzehr geeignet.

Übrigens: Gleich nach dem Legen haben Eier noch nicht viel Geschmack. Ab dem dritten Tag schmeckt es am Besten.

RICHTIG LAGERN

Eier nehmen über die leicht poröse Schale schnell fremde Gerüche an, also nicht in der Nähe von stark riechenden Lebensmitteln wie angeschnittenen Zwiebeln oder auch Fisch platzieren. Am besten in der Eierschachtel lassen oder aber im speziellen Eierfach des Kühlschranks lagern und zwar mit der runder gewölbten Seite nach oben.

DER FEINE UNTERSCHIED

Sahne – ob süß oder sauer – gibt es in unterschiedlichen Fettstufen. Fette süße Sahne lässt sich steif schlagen. Fette saure Sahne wie Crème fraîche oder Crème double kann erhitzt werden, ohne auszuflocken. Sie ist für warme Saucen gut geeignet. Quark und Co. sind ebenfalls in unterschiedlichen Fettstufen zu haben, für das Gelingen der Gerichte spielt es aber keine Rolle, welchen Quark Sie nehmen. Das ist eine reine Geschmacksfrage – je höher der Fettgehalt desto ausgewogener das Aroma. Topfen, Schichtkäse und Ricotta werden ähnlich hergestellt und können statt Quark verwendet werden.

Ob Käse, Quark und Sahne aus frischer Milch oder saure Sahne, Dickmilch, Joghurt, Kefir und Buttermilch aus Sauermilch – Milchprodukte enthalten neben Eiweiß leicht verdauliches Fett und eine ganze Menge an Vitaminen und Mineralstoffen – allen voran Kalzium, das so wichtig ist für Knochen und Zähne.

IST KÄSE VEGETARISCH?

Früher haben sich Vegetarier darüber kaum Gedanken gemacht. Heute kommt immer wieder das Thema Lab zur Sprache. Dieses Enzym, das man bei der Käseherstellung zum Gerinnen der Milch einsetzt, wird traditionell aus dem Magen junger Kälber, also einem tierischen Produkt, gewonnen. Wer das nicht möchte, muss Käse kaufen, der mit mikrobiellem oder gentechnisch hergestelltem Lab produziert wurde. Fast immer ohne Lab, dafür mit Milchsäurebakterien hergestellt, sind Frischkäse und Quark, Hüttenkäse und Mozzarella. Weichkäse wie Camembert und Edelpilzkäse werden ebenfalls fast ausschließlich ohne tierisches Lab hergestellt. Das tierische Enzym wird vor allem bei Hartkäsesorten, die lange lagern sollen, verwendet. Parmesan beispielsweise wird ausschließlich mit Kälberlab hergestellt. Pecorino hingegen nicht immer. In vielen Naturkostläden ist die Herstellungsweise inzwischen vermerkt, ansonsten hilft nur eins: fragen!

GRÜNKOHL-QUARK-TASCHEN
aus Hefeteig

DIESE SAFTIG GEFÜLLTEN TASCHEN MACHEN SICH GUT AUF DEM BUFFET,
ABER AUCH UNTERWEGS ODER ALS HAUPTGERICHT MIT EINEM WINTERSALAT.

Zutaten für 8 Stück

½ Würfel frische Hefe

1 Prise Zucker

400 g Mehl

Salz

4 EL Olivenöl

500 g Grünkohl

2 EL Pinienkerne

150 g Bergkäse oder Pecorino
(am Stück)

250 g Quark

2 Eier (Größe M)

½–1 TL Chiliflocken

2 EL zerlassene Butter

Zeitbedarf

• ca. 45 Minuten
• 1¼ Stunden ruhen
• 25 Minuten backen

So geht's

1. Für den Teig die Hefe in ein kleines Schälchen krümeln und mit dem Zucker in 200 ml lauwarmem Wasser auflösen. Mehl und 1 TL Salz in einer Schüssel mischen, die angerührte Hefe und das Olivenöl dazugeben und alles zu einem glatten Teig verkneten [→a]. Den Teig zugedeckt etwa 1 Stunde gehen lassen.

2. In einem Topf Wasser zum Kochen bringen und salzen. Währenddessen für die Füllung den Grünkohl waschen, die Blätter von den Stielen streifen oder schneiden und im heißen Wasser etwa 5 Minuten sprudelnd kochen lassen. Grünkohlblätter in ein Sieb abgießen und abschrecken, abtropfen lassen und mit den Fingern gut auswringen, dann fein hacken.

3. Die Pinienkerne in einer Pfanne ohne Fett bei mittlerer Hitze goldgelb rösten. Den Käse entrinden, fein reiben und mit Quark und Eiern verrühren. Grünkohl und Pinienkerne untermischen. Die Füllung mit Chiliflocken und Salz abschmecken.

4. Den Backofen auf 200 °C (Ober- und Unterhitze; Umluft 180 °C) vorheizen. Den Teig noch einmal durchkneten und zu einem etwa 0,5 cm dicken Quadrat ausrollen und dieses in 8 Quadrate schneiden. Die Füllung auf den Quadraten verteilen und zu Taschen zusammenklappen [→b].

5. Ein Backblech mit Backpapier belegen und die Teigtaschen daraufsetzen. Grünkohl-Quark-Taschen mit zerlassener Butter bestreichen und im Ofen (Mitte) etwa 25 Minuten backen. Warm oder abgekühlt servieren.

DAS STECKT DRIN | GRÜNKOHL schmeckt nach dem ersten Frost am besten. Das sollten Sie nutzen, denn der Kohl ist voll mit wertvollen Vitaminen und Mineralstoffen wie Vitamin A, B$_3$, C, E, Kalzium, Magnesium und Eisen.

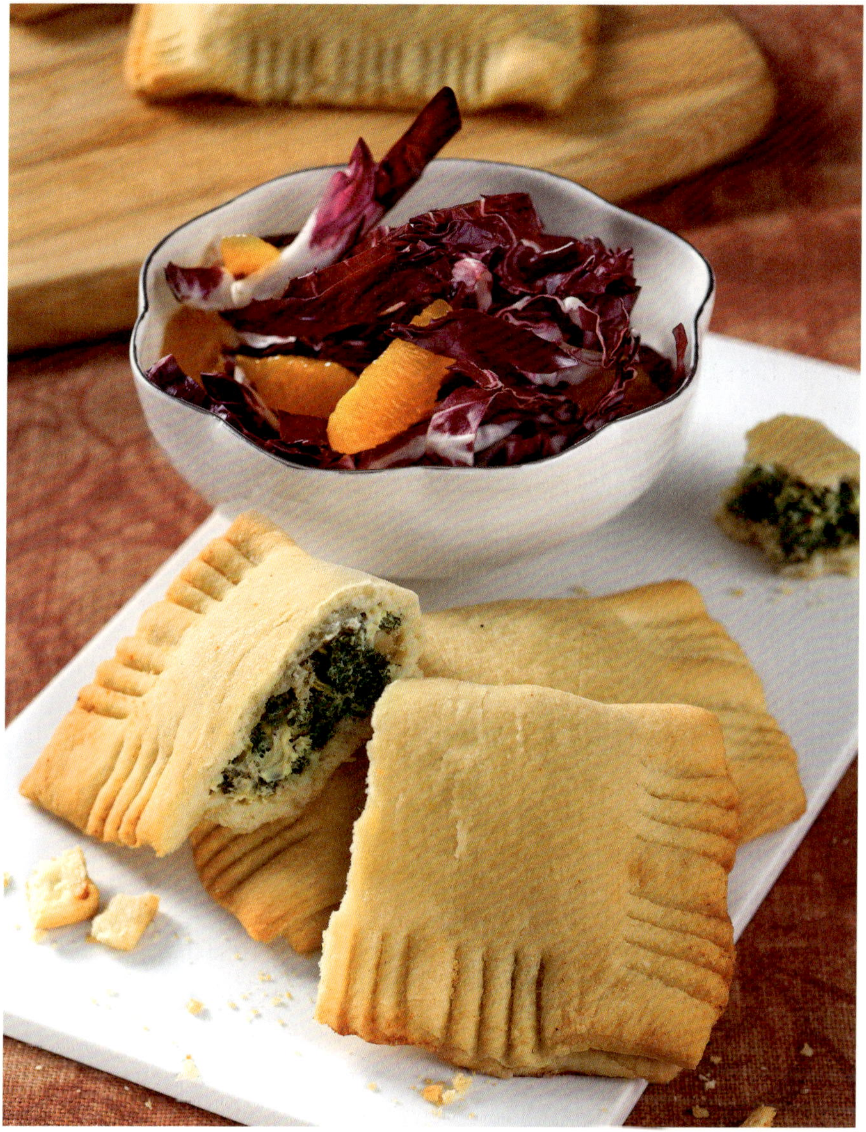

DAS IST *wirklich* WICHTIG

[a] HEFETEIG Zutaten zunächst in einer Schüssel mischen, dann den Teig auf einer leicht bemehlten Arbeitsfläche mit den Händen etwa 5 Minuten durchkneten. Nach kurzer Zeit sollte der Hefeteig glatt und geschmeidig sein. Er darf nicht an den Fingern kleben. Dann noch etwa 5 Minuten weiterkneten.

[b] TASCHEN FORMEN Je etwa 1 EL Grünkohlfüllung in die Mitte einer Quadrathälfte setzen. Die andere Teighälfte über die Füllung klappen und die Ränder mit den Zinken einer Gabel zusammendrücken.

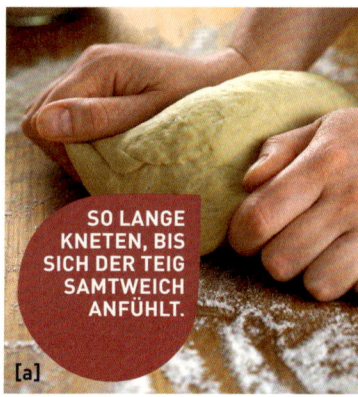

SO LANGE KNETEN, BIS SICH DER TEIG SAMTWEICH ANFÜHLT.

[a]

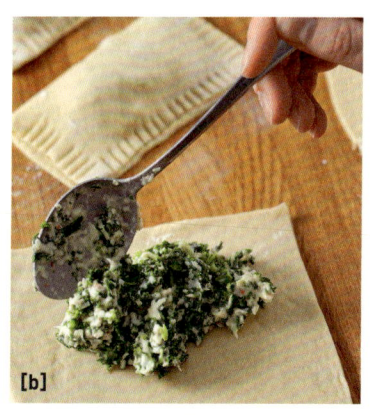

[b]

ROSENKOHL-AUFLAUF
mit Petersilienwurzeln und Apfelkruste

DIE UNSCHEINBAREN, KLEINEN KOHLKÖPFE SIND VOLL GEPACKT MIT WERTVOLLEN NÄHRSTOFFEN WIE DEN VITAMINEN C, K, B UND BETA-CAROTIN SOWIE DEN MINERALSTOFFEN KALIUM, MAGNESIUM, EISEN UND ZINK.

Zutaten für 4 Portionen

Salz

2 Petersilienwurzeln (ca. 300 g)

800 g Rosenkohl

Butter für die Form + 1 EL Butter

200 g Crème fraîche

abgeriebene Schale von ½ Bio-Zitrone

2 TL körniger Senf

3 Eier (Größe M)

Pfeffer aus der Mühle

1 Prise gemahlener Kümmel

2 säuerliche Äpfel

250 g Blauschimmelkäse

2 EL gehobelte Mandeln

Zeitbedarf
• ca. 25 Minuten
• 40 Minuten backen

So geht's

1. In einem großen Topf Wasser zum Kochen bringen, salzen. Währenddessen die Petersilienwurzeln schälen und 1 cm groß würfeln. Rosenkohl putzen, waschen und je nach Größe halbieren oder vierteln. Kohl im kochenden Wasser 2 Minuten sprudelnd kochen lassen, die Petersilienwurzeln hinzufügen, weitere 2 Minuten kochen. Gemüse in ein Sieb abgießen, abschrecken und abtropfen lassen.

2. Den Backofen auf 180 °C (Ober- und Unterhitze; Umluft 160 °C) vorheizen. Eine feuerfeste Form mit Butter ausstreichen. Crème fraîche, Zitronenschale, Senf und Eier gründlich verrühren, das Gemüse untermischen und mit Salz, Pfeffer und Kümmel abschmecken. In die Form verteilen.

3. Die Äpfel schälen, vierteln und putzen. Die Viertel klein würfeln. Den Käse in ebenso große Würfel schneiden und mit den Äpfeln auf dem Auflauf verteilen, Mandeln aufstreuen. Zum Schluss 1 EL Butter in kleinen Würfeln darüber verteilen. Den Auflauf im Ofen (Mitte) etwa 40 Minuten backen, bis die Oberfläche schön gebräunt ist.

Dazu einen Salat, z. B. Endiviensalat, servieren.

DIE VARIANTE | OFENGEMÜSE MIT APFEL-MEERRETTICH-QUARK
Je 500 g Pastinaken und Gelbe Beten, 6 Zweige Thymian, 2 EL neutrales Öl, 1 TL flüssiger Honig, Salz, Pfeffer aus der Mühle, 2 EL Butter, 1 großer säuerlicher Apfel, 1 Stück Meerrettichwurzel (ca. 3 cm), 1 EL Zitronensaft, 1 Kästchen Gartenkresse, 500 g Quark, 1 TL süßer Senf Pastinaken und Gelbe Beten schälen und in grobe Stücke schneiden. Gemüsestücke mit Thymianblättchen, Öl und Honig in einer feuerfesten Form mischen, salzen und pfeffern. Butter in kleinen Würfeln darüber verteilen. Gemüse wie oben etwa 30 Minuten backen. Inzwischen Apfel und Meerrettich fein reiben, mit Zitronensaft mischen und mit der Kresse unter den Quark rühren. Quark mit Senf und Salz abschmecken und zum Ofengemüse servieren.

SESAM-SPINAT
mit Asia-Nudeln

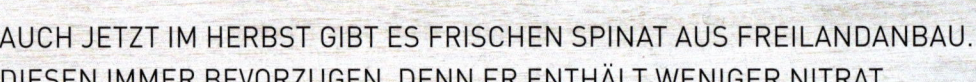

AUCH JETZT IM HERBST GIBT ES FRISCHEN SPINAT AUS FREILANDANBAU.
DIESEN IMMER BEVORZUGEN, DENN ER ENTHÄLT WENIGER NITRAT.

Zutaten für 4 Portionen

Salz

800 g Wurzelspinat

400 g asiatische Nudeln
(am besten japanische Soba-
oder Udonnudeln)

1 Zwiebel

4 EL Sesamsamen

2 EL dunkle Sojasauce

1 EL Reiswein oder trockener
Sherry (nach Belieben)

1 EL Sesamöl

2 TL Reisessig

1 TL Zucker

50 g Alfalfa- oder
Radieschensprossen

2 EL neutrales Öl

besonderes Werkzeug
• Mörser

Zeitbedarf
• ca. 40 Minuten

So geht's

1. In einem großen Topf Wasser zum Kochen bringen und salzen.
Inzwischen den Spinat verlesen und die dicken Stiele entfernen.
Geputzten Spinat mehrmals gründlich in stehendem kaltem Wasser
waschen. Den Spinat im Wasser etwa 2 Minuten sprudelnd kochen
lassen, bis die Blätter zusammenfallen, in ein Sieb abgießen, kalt
abschrecken und abtropfen lassen. Blanchierten Spinat grob hacken.

2. Die Nudeln nach Packungsangabe kochen und ebenfalls abgießen,
abschrecken und abtropfen lassen.

3. Die Zwiebel schälen, vierteln und quer in feine Streifen schneiden.
Die Sesamsamen in einer großen Pfanne oder einem Wok unter
Rühren bei mittlerer Hitze rösten, bis sie anfangen zu springen.
Etwa 1 EL Sesam beiseitestellen, die übrigen Samen im Mörser so
fein wie möglich zerstoßen und mit Sojasauce, Reiswein, Sesamöl,
Reisessig und Zucker verrühren. Diese Sesamsauce mit etwas
Salz abschmecken. Die Sprossen abbrausen und abtropfen lassen.

4. In der Pfanne oder im Wok das Öl erhitzen und die Zwiebelstreifen
darin unter Rühren bei mittlerer Hitze etwa 2 Minuten braten.
Die Nudeln dazugeben und leicht anbraten. Den Spinat unter die
Nudeln mischen und heiß werden lassen. Zum Schluss die Sesam-
sauce unterrühren. Die Spinatnudeln mit den beiseitegestellten
Sesamsamen und den Sprossen bestreut servieren.

DAS STECKT DRIN | SPINAT In Sachen Eisengehalt hat man ihm lange zu
viel zugetraut. Doch Spinat hat trotzdem eine Menge zu bieten: Beta-Carotin,
Vitamin C, K und B sowie die Mineralstoffe Kalium und Magnesium.

RADICCHIOSAUCE
mit Pasta

WIRD DER GESUNDE WINTERSALAT WIE IN DIESEM REZEPT GEGART, TRITT
SEINE BITTERNOTE IN DEN HINTERGRUND UND ER SCHMECKT MILDER.

Zutaten für 4 Portionen

Salz

400 g kurze (Vollkorn-)Nudeln
(z. B. Penne)

1 rote Zwiebel

1 Radicchio (ca. 300 g)

50 g Walnusskerne

6 in Öl eingelegte, getrocknete
Tomaten

6 EL Olivenöl

2 EL Aceto balsamico

Pfeffer

½ TL brauner Zucker

Zeitbedarf
• ca. 20 Minuten

So geht's

1. Für die Nudeln in einem großen Topf reichlich Salzwasser zum
Kochen bringen. Die Nudeln darin nach Packungsangabe al dente
kochen.

2. Schon während das Wasser heiß wird, die Zwiebel schälen, vierteln
und quer in feine Streifen schneiden. Alle welken Außenblätter des
Radicchio entfernen. Den Salatkopf waschen, vierteln und aus den
Vierteln den Strunk komplett herausschneiden. Die Radicchioviertel
quer in etwa 1 cm breite Streifen schneiden. Die Walnusskerne in
kleine Stücke brechen, die Tomaten abtropfen lassen und hacken.

3. Die Walnusskerne in einem Topf bei mittlerer Hitze 1–2 Minuten
rösten, bis sie anfangen zu duften. Auf einem Teller beiseitestellen.
Im Topf 4 EL Öl erhitzen, die Zwiebelstreifen darin bei mittlerer
Hitze unter Rühren 4–5 Minuten braten. Den Radicchio dazugeben
und zusammenfallen lassen. Nüsse und Tomaten untermischen,
mit Balsamico ablöschen und alles mit Salz, Pfeffer und dem
Zucker abschmecken.

4. Die Nudeln abgießen und tropfnass mit dem restlichen Öl zur
Radicchiosauce in den Topf geben und unterheben. Pasta auf vorgewärmten Tellern verteilen und sofort servieren.

DIE VARIANTE | CHICORÉE-SAHNE-SAUCE
**400 g Chicorée, 1 Stange Lauch, 1 EL Öl, 1 EL Butter, 2 TL brauner Zucker, ⅛ l Gemüsebrühe,
150 g Sahne, 1 TL Honigsenf, 2 TL Zitronensaft, Salz, rosenscharfes Paprikapulver** Chicorée und
Lauch putzen, waschen und quer in etwa 1 cm breite Streifen schneiden. Öl mit Butter und Zucker
erhitzen. Chicorée und Lauch darin 1–2 Minuten andünsten, mit Brühe ablöschen und bei schwacher
Hitze zugedeckt etwa 5 Minuten dünsten. Die Sahne angießen, einmal kräftig aufkochen. Die Sauce
mit Senf, Zitronensaft, Salz und Paprika abschmecken und mit kurzen Nudeln essen.

ZUCKERHUT-STAMPF
mit Mandeltofu und Senfbutter

AUCH WAS FÜR VEGANER! DAFÜR DIE KARTOFFELN MIT SOJA- ODER HAFERMILCH
ZERSTAMPFEN UND DIE BUTTER DURCH MARGARINE ERSETZEN.

Zutaten für 4 Portionen

700 g mehligkochende Kartoffeln

Salz

1 kleiner Zuckerhut (ca. 300 g)

100 g gemahlene Mandeln

1 TL rosenscharfes Paprikapulver

400 g Tofu

2 EL neutrales Öl

150 ml Milch

75 g Butter

Pfeffer aus der Mühle

1 Prise frisch geriebene
Muskatnuss

2 TL körniger Senf

Zeitbedarf
• ca. 35 Minuten

So geht's

1. Die Kartoffeln schälen, waschen, in etwa 2 cm große Würfel
schneiden und in wenig Salzwasser zugedeckt bei mittlerer Hitze
in etwa 15 Minuten weich kochen.

2. Inzwischen in einem Topf Salzwasser zum Kochen bringen. Den
Zuckerhut in die einzelnen Blätter teilen, waschen, trocken schütteln und in feine Streifen schneiden. Im kochenden Wasser etwa
2 Minuten vorgaren, abgießen, abschrecken und abtropfen lassen.

3. Für den Tofu Mandeln, Paprikapulver und Salz in einem tiefen
Teller mischen. Den Tofu in etwa 1 cm dicke Scheiben schneiden
und tropfnass rundherum in den Mandeln wenden. In einer beschichteten Pfanne das Öl erhitzen. Die Tofuscheiben einlegen
und bei mittlerer Hitze jede Seite in 3–4 Minuten knusprig braten,
warm halten.

4. Für den Stampf die Milch lauwarm erwärmen. Die Kartoffeln abgießen und mit einem Kartoffelstampfer im Topf grob zerdrücken.
50 g Butter in Würfeln und Milch untermischen, den Zuckerhut unterheben und den Stampf mit Salz, Pfeffer und Muskat abschmecken.

5. Die übrige Butter schmelzen lassen und den Senf einrühren.
Zuckerhut-Stampf und Tofu auf Tellern verteilen und mit Senf-
butter beträufelt servieren.

DIE VARIANTE | SÄMIGES ROSENKOHLPÜREE
**800 g Rosenkohl, Salz, 2 Wacholderbeeren, 100 g Crème fraîche, 50 g Butter,
Pfeffer aus der Mühle** Rosenkohl putzen und waschen, vierteln und mit Wacholderbeeren in reichlich Salzwasser zugedeckt bei mittlerer Hitze etwa 10 Minuten
kochen, abgießen, Wacholderbeeren entfernen. Rosenkohl fein pürieren. Zuerst
die Crème fraîche und dann die Butter in Würfeln mit dem Schneebesen unterschlagen, bis ein sämiges Püree entsteht, salzen und pfeffern.

[a]

SAFRAN
FÄRBT
FLÜSSIGKEIT
KRÄFTIG
ORANGE.

DAS IST *wirklich* WICHTIG

[a] **SAFRANAROMEN** sind nicht fett-
löslich. Würzen Sie darum nie direkt
damit, sondern weichen sie ihn vor
der Verwendung in Wasser ein. Dafür die feinen Fäden leicht zwischen
den Fingerspitzen zerreiben, mit der
Flüssigkeit mischen und so lange
stehen lassen, bis sich die Flüssigkeit kräftig orange gefärbt hat.

WINTERGEMÜSE-TAJINE
mit Würzjoghurt

DAS MAROKKANISCH INSPIRIERTE GERICHT KANN AUCH IM SCHMORTOPF
ZUBEREITET WERDEN. DIESER SOLLTE AM BESTEN AUS GUSSEISEN SEIN,
DANN WIRD DIE WÄRME BESONDERS GUT GESPEICHERT.

Zutaten für 4 Portionen

1 Döschen Safranfäden (0,1 g)

1 Bund Koriandergrün

4 Knoblauchzehen

Salz

je 1 EL edelsüßes Paprikapulver,
gemahlener Kreuzkümmel und
Koriander

1 TL Ras el-Hanout
(marokk. Gewürzmischung)

1 TL Chiliflocken

4 EL Olivenöl

je 250 g Topinambur, Möhren,
Knollensellerie und Pastinaken

1 Stange Lauch

2 rote Zwiebeln

1 Bio-Orange

2 EL Pistazienkerne

1 Stück Bio-Zitronenschale
(ca. 2 cm)

250 g Joghurt

1 Prise Zimtpulver

So geht's

1. Die Safranfäden in einer Schüssel mit 400 ml Wasser verrühren
   [→a]. Den Koriander waschen, trocken schütteln und die Blättchen
   abzupfen. 2 TL davon beiseitelegen. Den Knoblauch schälen und
   mit dem übrigen Koriander sehr fein hacken. Beides in einer großen
   Schüssel mit 1 TL Salz, allen Gewürzen und 2 EL Öl verrühren.

2. Das Wurzelgemüse waschen, putzen, schälen und in 3–4 cm große
   Stücke schneiden. Den Lauch putzen, waschen, auch zwischen
   den Blattschichten, und in etwa 2 cm dicke Streifen schneiden. Die
   Zwiebeln schälen und vierteln, mit dem Gemüse in die Schüssel zur
   Gewürzmischung geben und vermengen. Das restliche Öl in eine
   Tajine oder einen Schmortopf gießen. Das Gemüse hineinfüllen, auf
   den Herd stellen, erhitzen und zugedeckt bei mittlerer Hitze etwa
   15 Minuten garen. Ab und zu umrühren, damit nichts anbrennt.

3. Inzwischen die Orange heiß waschen und abtrocknen, die Schale
   fein abreiben, den Saft auspressen. Die Hälfte des Safranwassers
   mit dem Orangensaft zum Gemüse gießen, wieder abdecken und
   weitere 30 Minuten garen, bis das Gemüse bissfest ist. Dabei nach
   und nach das übrige Safranwasser angießen.

4. Für den Würzjoghurt die Pistazien in einer kleinen Pfanne ohne
   Fett bei mittlerer Hitze leicht anrösten. Mit der Zitronenschale und
   dem beiseitegelegten Koriander fein hacken. Pistazienmischung
   unter den Joghurt rühren und mit Salz und Zimt würzen.

5. Die Tajine mit Salz abschmecken, mit der Orangenschale bestreuen
   und zusammen mit dem Würzjoghurt servieren.

Nach Belieben Couscous oder Fladenbrot dazu reichen.

Zeitbedarf
• ca. 1 Stunde

SCHWARZWURZELGEMÜSE
auf indische Art

DURCH DIE VIELEN FEINEN GEWÜRZE UND DIE AROMATISCHEN CASHEWS
WIRD DAS GEMÜSE SÄMIG UND WÜRZIG ZUGLEICH. MIT DEM SAFRANREIS
EINE FAST FESTLICHE MAHLZEIT.

Zutaten für 4 Portionen

2 Zwiebeln, 4 Knoblauchzehen

1 Stück Ingwer (ca. 3 cm)

100 g Cashewnusskerne

4 Kardamomkapseln

2 TL Koriandersamen

1 TL Fenchelsamen

2 getrocknete Chilischoten

2 TL Kurkuma

1 TL gemahlener Kreuzkümmel

¼ TL Zimtpulver

2 EL heller Essig oder
Zitronensaft

600 g Schwarzwurzeln

Salz, 700 g Wurzelspinat

2 EL neutrales Öl

200 ml Kokosmilch

besonderes Werkzeug
• Blitzhacker
• Mörser

Zeitbedarf
• ca. 1 Stunde

So geht's

1. Zwiebeln, Knoblauch und Ingwer schälen, grob kleiner schneiden, dann in einem Blitzhacker fein zerkleinern.

2. Die Hälfte der Cashewkerne grob hacken. Die Kardamomkapseln aufbrechen, die Samen mit Cashews, Koriander, Fenchel und Chilis in einer Pfanne bei mittlerer Hitze unter Rühren 1–2 Minuten anrösten. Gewürze in einem Mörser so fein wie möglich zerstoßen und mit den restlichen Gewürzen mischen.

3. Essig oder Zitronensaft mit ½ l Wasser verrühren. Die Schwarzwurzeln waschen und schälen [→a], die Enden entfernen. Die Stangen in etwa 2 cm lange Stücke schneiden und gleich in das gesäuerte Wasser legen.

4. In einem großen Topf Salzwasser aufkochen. Den Spinat waschen, putzen und im kochenden Wasser blanchieren, in ein Sieb abgießen und abschrecken.

5. Das Öl in einem weiten Topf erhitzen, die Zwiebelmischung darin bei schwacher Hitze unter Rühren etwa 10 Minuten dünsten. Die Gewürzmischung dazugeben und weitere 1–2 Minuten rühren. Die Schwarzwurzeln abgießen und zusammen mit 400 ml Wasser unter die Zwiebeln rühren. Bei schwacher Hitze etwa 15 Minuten kochen.

6. Spinat und Kokosmilch unter die Schwarzwurzeln mischen, weitere 3–4 Minuten garen, dann abschmecken. Inzwischen die übrigen Nüsse rösten und vor dem Servieren über das Gemüse streuen.

DAZU PASST | SAFRAN-GEWÜRZ-REIS
1 Döschen Safranfäden (0,1 g), 300 g Basmatireis, 2 grüne Kardamomkapseln, 1 Stück Zimtstange (ca. 2–3 cm), 2 Gewürznelken, 2 EL neutrales Öl, Salz
Safranfäden in 4 EL Wasser einweichen. Reis waschen und abtropfen lassen. Kardamom, Zimt und Gewürznelken in einem Topf im heißen Öl anrösten. Reis, 600 ml Wasser und Safranwasser dazugeben, salzen, aufkochen, dann bei schwacher Hitze zugedeckt in etwa 20 Minuten körnig ausquellen lassen.

FLIESSENDES WASSER SPÜLT DEN KLEBRIGEN SAFT DER SCHWARZWURZELN AB.

DAS IST *wirklich* WICHTIG

[a] SCHWARZWURZELN SCHÄLEN
Schwarzwurzeln geben beim Schälen einen milchigen, leicht klebrigen Saft ab, der die Haut der Hände braun verfärbt. Schälen Sie die Stangen daher am besten unter fließendem kaltem Wasser, so wird der Saft gleich abgespült. Oder ziehen Sie zum Schälen Einmalhandschuhe an.

[a]

SCHWARZWURZEL-GRATIN

mit Käse-Koriander-Béchamel

SCHWARZWURZELN SIND KALORIENARM UND LEICHT VERDAULICH, DAZU REICH
AN VITAMIN E SOWIE DEN MINERALSTOFFEN KALIUM, MAGNESIUM UND EISEN.

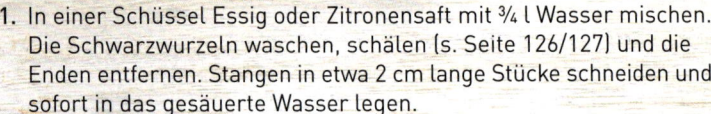

Zutaten für 4 Portionen

4 EL heller Essig oder
Zitronensaft

1 kg Schwarzwurzeln, Salz

2 EL Butter + Butter für die Form

2 EL Mehl

1 Birne

2 TL Koriandersamen

150 g frisch geriebener würziger
Hartkäse (z. B. Greyerzer oder
Appenzeller)

Pfeffer , 2 Eier (Größe M)

50 g Haselnusskerne

besonderes Werkzeug
• Mörser

Zeitbedarf
• ca. 30 Minuten
• 20 Minuten backen

So geht's

1. In einer Schüssel Essig oder Zitronensaft mit ¾ l Wasser mischen.
Die Schwarzwurzeln waschen, schälen (s. Seite 126/127) und die
Enden entfernen. Stangen in etwa 2 cm lange Stücke schneiden und
sofort in das gesäuerte Wasser legen.

2. In einem Topf ¾ l Salzwasser aufkochen. Die Schwarzwurzeln darin
etwa 8 Minuten sprudelnd kochen lassen, in ein Sieb abgießen, dabei ½ l Kochsud auffangen. Schwarzwurzeln abschrecken.

3. Für eine Béchamel 2 EL Butter in einem Topf schmelzen. Das Mehl
mit einem Schneebesen einrühren und unter ständigem Rühren
bei mittlerer Hitze anschwitzen, bis es goldgelb ist. Nach und nach
den Schwarzwurzelsud einrühren. Die Sauce offen bei schwacher
bis mittlerer Hitze etwa 10 Minuten köcheln lassen, bis sie sämig
ist. Lauwarm abkühlen lassen.

4. Inzwischen den Backofen auf 220 °C (Ober- und Unterhitze; Umluft 200 °C) vorheizen. Eine flache feuerfeste Form mit Butter
ausstreichen. Die Birne schälen, vierteln und putzen. Die Viertel
in dünne Spalten schneiden und mit den Schwarzwurzeln in der
Form verteilen. Die Koriandersamen in einer kleinen Pfanne unter
Rühren 1– 2 Minuten rösten, dann im Mörser mittelgrob zerstoßen.

5. Den Käse unter die Sauce mischen. Die Béchamel mit Koriander,
Salz und Pfeffer würzen, die Eier unterrühren und die Sauce über
den Schwarzwurzeln verteilen. Die Nusskerne mittelfein hacken
und ebenfalls darüber verteilen. Das Gratin im heißen Ofen (Mitte)
etwa 20 Minuten garen, bis die Oberfläche schön gebräunt ist.

Dazu schmecken Salzkartoffeln und Feldsalat.

GRÜNKOHL-AUFLAUF
mit Ingwer und Kartoffeln

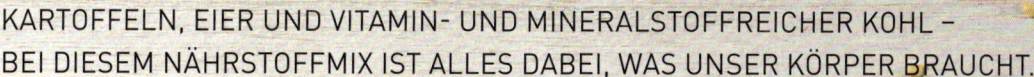

KARTOFFELN, EIER UND VITAMIN- UND MINERALSTOFFREICHER KOHL –
BEI DIESEM NÄHRSTOFFMIX IST ALLES DABEI, WAS UNSER KÖRPER BRAUCHT.

Zutaten für 4 Portionen

Salz

600 g Grünkohl

700 g mehligkochende Kartoffeln

1 Stück Ingwer (ca. 4 cm)

1–2 rote Chilischoten

½ Bio-Zitrone

Butter für die Form + 1 EL Butter

300 g Crème fraîche

4 Eier (Größe M)

2 TL scharfer Senf

100 g frisch geriebener Bergkäse

Zeitbedarf
• ca. 25 Minuten
• 45 Minuten backen

So geht's

1. In einem großen Topf Salzwasser zum Kochen bringen. Inzwischen den Grünkohl waschen, die Blätter von den Stielen lösen und grob hacken. Die Kartoffeln schälen, waschen und klein würfeln. Den Grünkohl und die Kartoffeln im Wasser 4 Minuten sprudelnd kochen lassen, in ein Sieb abgießen, abschrecken und abtropfen lassen.

2. Den Ingwer schälen, die Chili(s) waschen und putzen. Beides samt Chilikernen sehr fein hacken. Die Zitronenhälfte waschen und abtrocknen, die Schale fein abreiben.

3. Den Backofen auf 180 °C (Ober- und Unterhitze; Umluft 160 °C) vorheizen. Eine hohe feuerfeste Form mit Butter ausstreichen. Grünkohl und Kartoffeln mit der gehackten Ingwermischung und Zitronenschale mischen.

4. Crème fraîche, Eier, Senf und Käse verrühren und mit Salz abschmecken. Unter die Grünkohlmischung heben und alles in die Form füllen. 1 EL Butter in kleine Würfel schneiden und auf dem Auflauf verteilen. Im heißen Ofen (Mitte) etwa 45 Minuten backen, bis er gebräunt und die Kartoffeln weich sind. Vor dem Servieren kurz ruhen lassen.

Nach Belieben mit einem Salat servieren.

DIE VARIANTE | SCHARFES GRÜNKOHLGEMÜSE

1 kg Grünkohl, 2 Knoblauchzehen, 2 rote Chilischoten, 2 EL Rosinen, 4 EL Olivenöl, 1 EL Zitronensaft, Salz Grünkohl waschen. Die Blätter von den Stielen lösen, grob hacken und in kochendem Salzwasser in etwa 8 Minuten bissfest kochen. Inzwischen den Knoblauch schälen, Chilischoten waschen und putzen. Beides samt Chilikernen fein hacken und mit Rosinen im heißen Öl unter Rühren bei mittlerer Hitze kurz anbraten, aber nicht braun werden lassen. Den Grünkohl abgießen, abschrecken, in die Pfanne geben und noch mal kurz erwärmen. Scharfes Grünkohlgemüse mit Zitronensaft und Salz abschmecken und z. B. als Beilage zu Getreidebratlingen oder Polenta servieren.

DAS IST *wirklich* WICHTIG

[a] TORTILLA WENDEN Lösen Sie die Tortilla rundherum mit dem Pfannenwender vom Rand der Pfanne. Einen großen Teller leicht mit Öl einstreichen und die Tortilla daraufgleiten lassen. Nun entweder auf einen zweiten geölten Teller stürzen und zurück in die Pfanne gleiten lassen. Oder die Pfanne umgedreht auf die Tortilla legen. Mit einer Hand den Teller von unten stützen, mit der anderen Hand den Griff der Pfanne halten, dann beides mit Schwung umdrehen.

TORTILLA MIT HILFE EINES TELLERS WENDEN UND FERTIG BRATEN.

[a]

WURZELGEMÜSE-TORTILLA
mit Lauch

DIESE WÜRZIGE VARIANTE DES SPANISCHEN KLASSIKERS SCHMECKT WARM MIT EINEM KRÄFTIGEN SALAT, ABER AUCH LAUWARM ODER ABGEKÜHLT SEHR GUT.

Zutaten für 4 Portionen

je 200 g Möhren, Pastinaken oder Petersilienwurzeln, Knollensellerie

200 g vorwiegend festkochende Kartoffeln

1 Stange Lauch

4 Knoblauchzehen

6 EL Olivenöl

Salz

1 TL getrockneter Thymian

1 TL Chiliflocken

6 Eier (Größe M)

Zeitbedarf
• ca. 45 Minuten

So geht's

1. Möhren, Pastinaken oder Petersilienwurzeln, Sellerie und Kartoffeln waschen und putzen, schälen und in dünne Scheiben hobeln. Das Wurzelende und die welken grünen Teile des Lauchs entfernen. Den Lauch der Länge nach aufschneiden und gründlich, auch zwischen den Schichten, waschen, quer in feine Streifen schneiden. Den Knoblauch schälen und in feine Scheiben teilen.

2. In einer größeren Pfanne die Hälfte des Öls erhitzen. Möhren, Pastinaken oder Petersilienwurzeln, Sellerie und die Kartoffeln dazugeben, salzen und bei schwacher bis mittlerer Hitze unter Rühren etwa 10 Minuten braten. Dann den Lauch mit Knoblauch, Thymian und Chiliflocken unterrühren und alles weitere 5 Minuten garen.

3. Währenddessen die Eier in einer großen Schüssel mit einer Gabel verquirlen und salzen. Die Gemüsemischung unterrühren.

4. Das restliche Öl in der Pfanne erhitzen. Die Gemüse-Eier-Mischung in die Pfanne geben und gut verteilen. Bei schwacher Hitze 6–8 Minuten braten. Die Tortilla wenden [→a] und die noch ungebackene Seite in weiteren 6–8 Minuten fertig braten. Tortilla auf einen Servierteller gleiten lassen, in Tortenstücke teilen und servieren.

Dazu schmeckt Salat, z. B. eine Mischung aus Endivie, Radicchio und Feldsalat.

**DAS STECKT DRIN | ** EIWEISS Kartoffeln und Eier enthalten eine Menge Eiweiß, das unser Körper aufgrund der Zusammensetzung besonders gut verwerten kann. Kombiniert man beide Zutaten, wird diese Wirkung noch erhöht. Das ist vor allem für Vegetarier sehr günstig.

SAURES LINSENGEMÜSE
mit Rosenkohl und Kartoffeln

MIT ÖL STATT BUTTER AUCH EIN TOLLES ESSEN FÜR VEGANER. DENN DIE HOCHWERTIGE EIWEISS-KOMBINATION AUS LINSEN UND KARTOFFELN IST BESONDERS WERTVOLL.

Zutaten für 4 – 6 Portionen

350 g braune, grüne oder schwarze Linsen

2 Lorbeerblätter

500 g Rosenkohl

1 Zwiebel

400 g festkochende Kartoffeln

1 Bund Suppengrün

2 EL Butter

2 TL Zucker

½ l Gemüsebrühe

ca. 6 EL Essig

Salz, Pfeffer aus der Mühle

Zeitbedarf
• ca. 50 Minuten

So geht's

1. Die Linsen in einem Sieb kalt abbrausen und abtropfen lassen. Zusammen mit den Lorbeerblättern in einem Topf mit Wasser bedecken, aufkochen und die Linsen zugedeckt bei schwacher bis mittlerer Hitze in etwa 30 Minuten nicht ganz weich kochen.

2. Inzwischen den Rosenkohl waschen, putzen und vierteln. Die Zwiebel schälen und fein hacken. Die Kartoffeln schälen, waschen und in 2–3 cm große Würfel schneiden. Das Suppengrün waschen, putzen, bei Bedarf schälen und in etwa 1 cm große Würfel und Streifen schneiden.

3. Butter und Zucker in einem größeren Topf bei mittlerer Hitze schmelzen. Den Rosenkohl einrühren und leicht bräunen lassen. Zwiebel, Suppengrün und Kartoffeln kurz mitbraten.

4. Die Linsen in ein Sieb abgießen, abtropfen lassen und ohne den Lorbeer unter das Gemüse im Topf mengen. Die Brühe angießen und alles zugedeckt weitere 10–15 Minuten kochen, bis die Linsen und die Kartoffeln weich und der Rosenkohl bissfest ist.

5. Das Gemüse mit Essig, Salz und Pfeffer abschmecken und auf Tellern verteilen.

Dazu schmecken ein paar Scheiben knuspriges Bauernbrot.

DIE VARIANTE | BOHNENGEMÜSE MIT GEBRATENEM RADICCHIO
300 g getrocknete Borlotti-Bohnen, 1 größerer Kopf Radicchio (ca. 300 g), 1 große rote Zwiebel, 2 Knoblauchzehen, 1 getrocknete Chilischote, 2 EL Olivenöl, ⅛ l Gemüsebrühe, 4 EL Aceto balsamico, Salz, Pfeffer aus der Mühle, 1 TL Ahornsirup Bohnen über Nacht einweichen, abgießen und mit frischem Wasser zugedeckt bei schwacher Hitze in etwa 1½ Stunden weich garen. Radicchio und Zwiebel in Streifen schneiden. Den Knoblauch hacken, die Chilischote zerkrümeln. Beides im heißen Olivenöl andünsten. Den Radicchio dazugeben und unter Rühren zusammenfallen lassen. Mit Gemüsebrühe und Essig ablöschen, abdecken und bei schwacher Hitze etwa 5 Minuten dünsten. Die Bohnen abgießen, unterrühren, mit Salz, Pfeffer und Ahornsirup abschmecken. Mit knusprigem Weißbrot servieren.

SAUERKRAUT-AUFLAUF
mit Paprikabröseln

WUNDERBAR SAFTIG UND AROMATISCH KOMMT DIESER AUFLAUF AUS DEM OFEN UND HAT DABEI REICHLICH VITAMINE UND DIE MINERALSTOFFE KALIUM UND KALZIUM IM GEPÄCK.

Zutaten für 4 Portionen

Salz

200 g kurze (Vollkorn-)Nudeln (z. B. Spiralnudeln)

1 Zwiebel

½ Bund Petersilie

400 g Sauerkraut

1 EL Öl

150 g Feta (Schafskäse)

100 g Sahne

3 Eier (Größe M)

Pfeffer

2 EL Butter

50 g Semmelbrösel

1 TL rosenscharfes Paprikapulver

Zeitbedarf
- ca. 25 Minuten
- 35 Minuten backen

So geht's

1. Für die Nudeln reichlich Wasser zum Kochen bringen und salzen. Die Nudeln darin nach Packungsangabe sehr bissfest kochen. In einem Sieb kalt abschrecken und abtropfen lassen.

2. Schon während das Wasser heiß wird, die Zwiebel schälen und fein hacken. Die Petersilie kalt abbrausen, trocken schütteln und die Blättchen fein schneiden. Das Sauerkraut abtropfen lassen und grob kleiner schneiden.

3. Das Öl in einer Pfanne erhitzen. Die Zwiebel darin bei mittlerer Hitze andünsten. Das Sauerkraut dazugeben und unter Rühren etwa 5 Minuten dünsten. Die Petersilie untermischen und nur zusammenfallen lassen. Kraut salzen und abkühlen lassen.

4. Den Backofen auf 180 °C (Ober- und Unterhitze; Umluft 160 °C) vorheizen. Den Feta in grobe Stücke krümeln. Sahne und Eier in einer großen Schüssel verrühren und mit Salz und Pfeffer würzen. Sauerkraut, Schafskäse und Nudeln dazugeben, gut vermengen und in einer feuerfesten Form verteilen.

5. Die Butter in einer Pfanne bei schwacher Hitze zerlassen, die Semmelbrösel einrühren und mit Salz und dem Paprikapulver würzen. Paprikabrösel auf der Nudelmischung verteilen. Den Auflauf im heißen Ofen (Mitte) etwa 35 Minuten backen, bis er schön gebräunt ist. Aus dem Ofen nehmen, kurz ruhen lassen und servieren.

Dazu schmeckt Salat, z. B. Feld- oder Endiviensalat.

SO SCHMECKT'S AUCH | MIT FRISCHEM GEMÜSE Statt mit Sauerkraut schmeckt der Nudelauflauf auch mit frischen, kurz blanchierten Weißkohlstreifen. Ebenfalls fein: Rosenkohlviertel, 3–4 Minuten vorgekocht, oder Chicoréestreifen, 1 Minute blanchiert.

WINTERGEMÜSE
für den Vorrat

OB ALS GESCHENK FÜR LIEBE FREUNDE ODER ALS VORRAT FÜR DEN EIGENEN KÜCHENSCHRANK: EINGEMACHTES WINTERGEMÜSE KANN DIE WÜRZE VON INGWER, CHILI UND CO. GUT VERTRAGEN.

ROTE BETE IN BALSAMICO

Zutaten für 3 Gläser (à ca. 435 ml): 500 g Rote Beten, 1 Bio-Orange, 1 getrocknete Chilischote, 50 g Zucker, ¼ l Aceto balsamico, 2 TL Meersalz, 2 TL Ahornsirup

So geht's: Die Roten Beten putzen, schälen und in etwa 1 cm dicke Scheiben und diese in ebenso breite Stifte schneiden. Die Orange heiß waschen und abtrocknen, die Schale abreiben, den Saft auspressen. Chili leicht andrücken. Zucker in einem weiten Topf bei mittlerer Hitze schmelzen lassen. Rote Beten dazugeben und bei mittlerer Hitze 1–2 Minuten andünsten. Balsamico, Orangensaft und 150 ml Wasser angießen. Orangenschale, Chili und Salz unterrühren und alles zum Kochen bringen. Die Roten Beten zugedeckt bei mittlerer Hitze in etwa 15 Minuten bissfest garen, dann aus dem Sud heben und auf die Gläser verteilen. Den Sud noch einmal aufkochen, mit dem Ahornsirup und eventuell noch etwas Salz abschmecken und über die Roten Beten gießen. Die Gläser verschließen.

Haltbarkeit: Kühl gelagert etwa 1 Jahr.

KÜRBIS-ORANGEN-MARMELADE

Zutaten für 4 Gläser (à ca. 350 ml): 1 Stück Kürbis (ca. 400 g), 4 Bio-Orangen, 1 Bio-Zitrone, 1 Stück Ingwer (ca. 2 cm), ca. 450 g Gelierzucker 2:1

So geht's: Das Kürbisstück putzen, bei Bedarf schälen und möglichst klein würfeln. 1 Orange und die Zitrone waschen und abtrocknen, die Schale fein abreiben und den Saft beider Früchte auspressen. Von den übrigen Orangen die Schale so abschneiden, dass auch die weiße Haut mit entfernt wird. Das Fruchtfleisch zwischen den Trennhäuten herausschneiden und würfeln. Vorhandene Kerne dabei entfernen. Den Ingwer schälen und fein hacken. Kürbis, Zitrussaft und Orangenwürfel abwiegen (ca. 900 g) und mit der halben Menge Zucker und dem Ingwer in einen Topf geben und gut verrühren. Die Mischung etwa 2 Stunden stehen und Saft ziehen lassen, dann langsam zum Kochen bringen und 4 Minuten bei mittlerer Hitze kochen lassen. Die Marmelade kochend heiß in die Gläser füllen, gleich verschließen. Gläser 5 Minuten auf den Kopf stellen und abkühlen lassen.

Haltbarkeit: Kühl gelagert etwa 1 Jahr.

SENFGEMÜSE

Zutaten für 3 Gläser (à ca. 500 ml): 1 kg Weißkohl, Möhren und Chicorée gemischt, 80 g Meersalz, 1 Stück Ingwer (ca. 2 cm), ¼ l heller Essig, ½ EL Kurkuma, 1 EL gelbes Senfmehl, je 1 TL gemahlener Koriander und Kreuzkümmel, 100 g brauner Zucker, 1 EL Speisestärke

So geht's: Gemüse waschen und putzen, Möhren zusätzlich schälen. Alle Sorten in mundgerechte Stücke schneiden: Kohl in Rauten, Chicorée in breite Streifen und Möhren in Scheiben. Gemüse in einer Schüssel mit Salz mischen, mit einem Teller und einem Gewicht beschweren und 24 Stunden ziehen lassen. Dann in einem Sieb kalt abspülen. Ingwer schälen und fein hacken. In einem großen Topf Essig mit 200 ml Wasser, Gewürzen und Zucker aufkochen. Das Gemüse dazugeben und bei mittlerer Hitze in etwa 8 Minuten bissfest kochen, aus dem Sud heben und auf die Gläser verteilen. Den Sud noch mal zum Kochen bringen. Die Speisestärke in wenig kaltem Wasser anrühren, unter Rühren in den Sud geben und 2–3 Minuten köcheln lassen, bis der Sud dickflüssig wird. Sud mit Salz abschmecken und über das Gemüse gießen. Die Gläser verschließen und das Gemüse mindestens 1 Woche ziehen lassen.

Haltbarkeit: Kühl gelagert etwa 1 Jahr.

CHINAKOHL KOREANISCH

Zutaten für 3 Gläser (à ca. 300 ml): 1 Chinakohl (ca. 500 g), 1 Stange Lauch, 1 EL Meersalz, 1 Stück Ingwer (ca. 4 cm), 1 rote Chilischote, 1 TL Paprikapulver, 2 EL helle Sojasauce, 1 TL Zucker

So geht's: Chinakohl und Lauch putzen und waschen. Kohl der Länge nach vierteln und in breite Streifen, den Lauch mit dem knackigen Grün in feine Streifen schneiden. Kohl und Lauch in einer Schüssel mit Salz mischen, leicht durchkneten, dann mit 100 ml Wasser begießen. Gemüse mit einem Teller und einem Gewicht beschweren und über Nacht ziehen lassen. Den Ingwer schälen und erst in dünne Scheiben, dann in feine Stifte schneiden. Die Chilischote waschen, putzen und mit den Kernen in feine Ringe schneiden. Die Lake vom Gemüse abgießen und auffangen. Das Gemüse mit Ingwer, Chili und Paprikapulver mischen und in einen Porzellan- oder Steinguttopf füllen. Gut hineinpressen. Die Lake mit der Sojasauce und dem Zucker verrühren und über das Gemüse gießen, bis es davon bedeckt ist. Das Gemüse wieder beschweren, gut verschließen und etwa 3 Tage bei Zimmertemperatur stehen lassen. Dann mit Lake in die Gläser füllen und verschließen.

Haltbarkeit: Kühl gelagert etwa 1½ Monate.

REZEPTREGISTER VON A–Z

THEMENREGISTER

PURE VIELFALT

Willkommen zu einer ganz neuen Frischeküche mit den **KOSMOS** *Kochbüchern.*

Cornelia Schinharl
Biokisten Kochbuch
144 Seiten, 118 Abbildungen, €/D 14,95
Auch als E-Book

→ Je €/D 14,95

kosmos.de/kochen

PURE VIELFALT

Willkommen zu einer ganz neuen Frischeküche mit den **KOSMOS** *Kochbüchern.*

Cornelia Schinharl
Biokisten Kochbuch
144 Seiten, 118 Abbildungen, €/D 14,95
Auch als E-Book

→ Je €/D 14,95

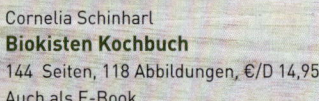

kosmos.de/kochen

REGIONALE SPEZIALITÄTEN

Matthias Mangold
Die schwäbische Küche
144 Seiten, 119 Abbildungen, €/D 14,95

Maultaschen, Linsen mit Spätzle, Zwiebelrostbraten –
das sind nur einige der typischen Spezialitäten,
die weit über die Landesgrenzen hinaus bekannt sind.
Abgerundet wird die Vielfalt an Gerichten mit feinen,
kreativen Variationen und unterhaltsamen und
interessanten Einblicken in die schwäbische Esskultur.

Cornelia Schinharl
Die bayrische Küche
144 Seiten, 130 Abbildungen, €/D 14,95

Ob Schweinshaxe oder Knödel: Viele bayerische
Spezialitäten sind auch jenseits des „Weißwurst-
äquators" berühmt. Mit seinen traditionellen
und auch modernen Rezepten knüpft dieses
originelle Kochbuch an die kulinarische Vielfalt
des beliebtesten deutschen Urlaubslandes an.

AKTEURE

IMPRESSUM

Cornelia Schinharl gehört zu den erfolgreichsten Koch- und Backbuch-Autorinnen des deutschsprachigen Raums. Sie hat für ihre Bücher schon viele Auszeichnungen erhalten, unter anderem die Silbermedaille der Gastronomischen Akademie für das „Biokisten-Kochbuch". Mit Leidenschaft entwickelt sie unkomplizierte Rezepte mit mmhh-Effekt, die immer wieder zum Ausprobieren und Nachkochen einladen. Mehrmals in der Woche kommen bei ihr vegetarische Gerichte auf den Tisch, denn sie findet, nichts schmeckt besser und ist gesünder als frisches Gemüse der Saison. Bei KOSMOS erschienen von ihr bereits „Vegetarisch gut gekocht!", „Tomaten" u. v. a.

Anne Rogge und **Jan Jankovic** sind Diplom-Fotodesigner aus Düsseldorf. Gemeinsam führen sie das Fotostudio Rogge & Jankovic Fotografen mit den Schwerpunkten Food, Stills und Places. Für ihr Kochbuch „Herbst & Winter Gemüse", ebenfalls im KOSMOS Verlag erschienen, wurde Anne Rogge 2008 in der Kategorie Fotografie mit dem Gourmand Cookbook Award ausgezeichnet. Gemeinsam haben sie für dieses Kochbuch alle Gemüsegerichte ins richtige Licht gerückt und einen Teil der frischen Zutaten sogar selbst aus ihrem eigenen Gemüsegarten geerntet. Neben Anne Rogge ist **Christoph Maurer** für das ansprechende und verführerische Foodstyling verantwortlich.

Die Fotografen und der Verlag bedanken sich ganz herzlich bei der Firma Kenwood für die großzügige Unterstützung der Fotoproduktion für dieses Buch.

Umschlaggestaltung von Gramisci Editoraldesign, München, unter Verwendung zweier Fotos von Rogge & Jankovic Fotografen.

Mit 99 Farbfotos von Rogge & Jankovic Fotografen

Rezepte, Geling-Tipps, Infos zum KOSMOS-Kochbuch-Programm und vieles mehr unter **kosmos.de/gut-gekocht**

Unser gesamtes lieferbares Programm und viele weitere Informationen zu unseren Büchern, Spielen, Experimentierkästen, DVDs, Autoren und Aktivitäten finden Sie unter **kosmos.de**

Gedruckt auf chlorfrei gebleichtem Papier

© 2013, Franckh-Kosmos Verlags-GmbH & Co. KG, Stuttgart
Alle Rechte vorbehalten
ISBN 978-3-440-13399-6
Projektleitung + Lektorat:
Stephanie Schönemann
Gestaltungskonzept und Layout:
Gramisci Editorialdesign, München
Satz: Atelier Krohmer, Dettingen/Erms
Produktion: Eva Schmidt
Printed in Germany / Imprimé en Allemagne